Mistel

Mistel

Arzneipflanze
Brauchtum
Kunstmotiv im Jugendstil

von
Prof. Dr. Hans Becker
Heidelberg

und
Dr. Helga Schmoll
gen. Eisenwerth, München

Mit 168 Abbildungen
und 24 Farbtafeln

WVG

Wissenschaftliche Verlagsgesellschaft mbH Stuttgart

4

CIP-Kurztitelaufnahme der Deutschen Bibliothek

Becker, Hans:
Mistel: Arzneipflanze, Brauchtum, Kunstmotiv im Jugendstil / von Hans Becker und Helga Schmoll gen. Eisenwerth.
Stuttgart: Wissenschaftliche Verlagsgesellschaft, 1986.
ISBN 3-8047-0862-5
NE: Schmoll-Eisenwerth, Helga:

© 1986 Wissenschaftliche Verlagsgesellschaft mbH, Birkenwaldstraße 44, 7000 Stuttgart 1
Printed in Germany
Druck: Weberdruck, Pforzheim
Fotosatz: F + N Meeh GmbH, Pforzheim

Vorwort

Die Mistel wurde, wo immer man sich mit ihr beschäftigte, als ein eigentümlicher Sonderfall der Pflanzenwelt empfunden. Von der Antike bis heute gilt die Aufmerksamkeit ihrer Existenz als Halbparasit, als immergrünes Gewächs mit Blüten und Beerenfrüchten im Winterhalbjahr. Der neuerlichen Hinwendung der Medizin und Pharmazie geht eine jahrtausendelange Geschichte voraus, in der sie als Wunder- und Heilpflanze und vor allem als Glücksbringer betrachtet und verehrt wurde. Noch heute hat der Spruch „no mistletoe no luck" oder „pas de gui, pas de chance" (ohne Mistel kein Glück!) in England und Frankreich jeweils um die Jahreswende Bedeutung. Im Jugendstil wurden Mistelmotive in der Kunst, besonders im nord- und mitteleuropäischen Kunsthandwerk, außerordentlich beliebt.

Aus zwei ganz unterschiedlichen Betrachtungsrichtungen, der naturwissenschaftlichen und der kunstgeschichtlichen, wurde das Thema erarbeitet. Die Autoren vertreten diese Disziplinen. Sie beschlossen, eine Darstellung ihrer sich ergänzenden Arbeitsgebiete in einem Buch vorzustellen: die Mistel als botanischem Exemplum und als Arzneipflanze sowie die Mistel in Mythos, Brauchtum und als künstlerisches Motiv. Beide Verfasser stellten betroffen fest, daß sie das Thema „Mistel", je länger sie sich damit befaßten, immer mehr fesselte. Da sie beide Beziehungen zum ostfranzösischen Grenzland pflegen, war ihnen die spätmittelalterliche Devise im Distel-Wappen der lothringischen Residenzstadt Nancy „qui s'y frotte s'y pique" (wer mich angreift, sticht sich) geläufig. Sie übertrugen ihn — mit gewisser Ironie — sinngemäß von der Distel auf die Mistel. Nicht, daß die Mistel auch stäche, aber, wer ihre Beeren pflückt, dem bleibt ihr klebriger Schleim, der in früheren Zeiten zu Vogelleim verarbeitet wurde, an den Fingern haften. Sie meinten, man könne in Analogie zum Distelspruch von Nancy für die Mistel formulieren: Wer mich anfaßt, bleibt an mir hängen!

Im vorliegenden Buch wird zunächst eine Übersicht über die Mistel als Arzneipflanze gegeben. Der zweite Teil über die Mistel in Mythologie, Brauchtum und Kunst ist mit zahlreichen, zum größten Teil bisher unveröffentlichten Bildbeispielen belegt. Vieles davon ist in einer von April bis September 1986 im Deutschen Apothekenmuseum im Heidelberger Schloß gezeigten Ausstellung zu sehen, für die der Band auch als Begleitbuch dienen kann. Der Kampf der Autoren mit der „klebrigen Mistel" wurde reichlich belohnt durch den Gewinn an neuen Einsichten und durch die Freude am Objekt. Wir hoffen, daß wir einen Teil dieser Begeisterung mit dem vorliegenden Buch an die Leser weitergeben können.

Den privaten Leihgebern und Museen sind wir zu Dank verpflichtet. Darüberhinaus danken wir Herrn Joachim Hollatz, Heidelberg, für die aufopfernde Geduld, mit der er die einzelnen Objekte photographisch aufgenommen hat; seine Arbeit kann sich im besten Sinne des Wortes „sehen lassen". Dem Verlag danken wir für den Mut, das reichillustrierte Werk zu einem erschwinglichen Preis zu verlegen. Herr W. Studer hat uns bei der Realisation unserer Vorstellungen tatkräftig und verständnisvoll unterstützt.

Heidelberg und München, im März 1986
zur Zeit der Mistelblüte

H. Becker   H. Schmoll gen. Eisenwerth

Inhaltsverzeichnis

Teil A

Beschreibung und arzneiliche Verwendung der Mistel
von Professor Dr. Hans Becker, Heidelberg

Inhaltsverzeichnis

Teil B

Mythos und Kunstmotiv im Jugendstil
von Dr. Helga Schmoll genannt Eisenwerth, München

Teil A

Beschreibung und arzneiliche Verwendung der Mistel

von Prof. Dr. Hans Becker
Heidelberg

I. Beschreibung der Pflanze

Die Mistel ein Halbparasit

Viscum album L., die Europäische Mistel, ist eine immergrüne parasitische Pflanze. Sie entnimmt der jeweiligen Wirtspflanze Wasser und Mineralsalze. Der Transport wird dadurch erleichtert, daß zwischen Wirt und Mistel Xylemkontinuität besteht. Zu dieser Kontinuität kommt es durch direkten Kontakt von Mistel- und Wirtstracheiden bzw. Tracheen und durch Auflösen der Zellwände (Becker und Jurzitza, 1972). Die Mistel reichert Mineralstoffe an und hat in der Regel einen höheren Mineralgehalt als die jeweilige Wirtspflanze. Der von der Mistel befallene Wirtsast verarmt dagegen im Vergleich mit nicht befallenen Ästen an Mineralien. Gegenüber den jeweiligen Wirtspflanzen zeigt die Mistel eine höhere Wasserverdunstungsrate. Schulze et al. (1984) nehmen an, daß dies ein Anpassungsmechanismus an die parasitische Lebensweise ist, der dazu dient, den Stickstoffbedarf der Mistel zu decken. Ob die Mistel darüberhinaus noch auf bestimmte organische Substanzen, die im Xylem der Wirte transportiert werden, angewiesen ist, ist noch ungewiß. Fest steht dagegen, daß sie über alle für die Photosynthese notwendigen Pigmente, wie z. B. Chlorophyll a und b (Müller, 1952; Becker 1973) verfügt. Aus elektronenoptischen Aufnahmen (Sallé, 1975) geht hervor, daß die Chloroplasten denen anderer Blütenpflanzen ähneln. Durch Assimilation in einer Atmosphäre, die radioaktiv markiertes (^{14}C) CO_2 enthielt, konnte schließlich gezeigt werden (Sälägenu und Galian-Fabian, 1961), daß die Mistel, bezogen auf die Blattfläche, die gleiche Photosyntheserate besaß, wie die entsprechende Wirtspflanze (Pappel). Bei diesen Markierungsexperimenten wurde weiterhin gefunden, daß kein nennenswerter Transport von Photosyntheseprodukten vom Wirt zur Mistel, aber auch nicht in umgekehrter Richtung stattfindet. Da die Mistel demnach auf anderen Pflanzen wächst und diesen Pflanzen Wasser und Nährsalze entnimmt, andererseits aber in der Lage ist, mittels Photosynthese ihre eigenen organischen Stoffe selbst zu synthetisieren, bezeichnet man sie als Halbschmarotzer. Unter Berücksichtigung der Anheftungsstelle des Kontaktorgans ordnet Weber (1986) die Mistel unter den epiphytischen Sproßparasiten ein.

Systematische Stellung und Verbreitung

In vielen Lehrbüchern findet man die Mistel unter den Loranthaceae. Spezielle Bearbeiter teilen die Familie jedoch in zwei Familien, die der Loranthaceae und der Viscaceae auf und ordnen die Mistel in letztere Familie ein. Für dieses Zweifamilienkonzept gibt es eine Reihe von Kriterien (Barlow, 1964). Eines der auffallendsten Unterscheidungsmerkmale ist, daß die Loranthaceae in der Regel größere Blüten (größer 5 mm) haben als die Viscaceae (kleiner 2 mm); die Blüten der Loranthaceae sind darüberhinaus im Gegensatz zu denen der Viscaceae auch auffallend gefärbt, während letztere unscheinbar sind. Zur Gattung Viscum gehören etwa neunzig Arten, wovon ungefähr zwei Drittel in Afrika und Madagaskar; der Rest in Eurasia und Australien beheimatet ist (Feuer und Kuijt, 1982).

Für Viscum album L. gibt Hegi (1981) folgende Verbreitung an: Von Südskandinavien (nördlich bis 59° 30' n. Br.) und Mittel- und Südengland (nördlich bis 55° n. Br.) südwärts bis Nordwestafrika und ostwärts bis nach Japan, allerdings da mit einer Unterart V. album ssp. coloratum. Neuerdings wird diskutiert, ob eine verstärkte Zunahme der Mistel, wie sie in der Schweiz und der Bundesrepublik beobachtet wurde, mit Waldschäden ("Waldsterben") in Zusammenhang gebracht werden kann (Hofstetter, 1985; Weber, 1986).

Von Viscum album L. gibt es drei Unterarten, die sich durch die Wirtsspezifität unterscheiden. Daneben werden auch morphologische Kriterien gelegentlich zur Unterscheidung mit herangezogen. Letztere, wie zum Beispiel die Größe der Blätter, das Längen/Breitenverhältnis der Blätter, die Anzahl der Embryonen sind jedoch variabel. Neuerdings haben Grazi und Urech (1981) die Eigenschaften der Schleimschicht der Mistelbeeren sowie der Form der Hypokotylspitze zur Charakterisierung der Unterarten herangezogen. Stellvertretend für die zahlreichen Bestimmungsschlüssel sei die Beschreibung nach Gäumann (1951) aufgeführt:

a) Viscum album L. ssp. platyspermum KELL. (= ssp. album)
Beeren rundlich, weiß oder gelblich; Samen breitherzförmig, in entschleimtem Zustand weiß-glänzend. Vorkommen: Laubbäume (vor allem Pappeln, Weiden, Ahorn, Apfel u. a.).

b) Viscum album L. ssp. abietis BECK
Beeren weiß, groß; Samen länger als breit, in trockenem Zustand Durchschimmern des Endokarps. Vorkommen: Weißtannen.

c) Viscum album L. ssp. laxum FIEK (= ssp. austriacum (WIESB.) VOLLMANN)
Beeren klein, gelblich; Samen wie bei ssp. abietis, Zeichnung des Endokarps auch in feuchtem Zustand. Vorkommen: Kiefern, selten Fichten.

Während die morphologische Unterscheidung der drei Unterarten schwierig ist, ist das Kriterium Wirtsre-

striktion stärker fixiert. So kommt zum Beispiel V. album L. ssp. abietis ausschließlich auf Abies-Arten vor und nur durch künstliche Infektion gelingt es, diese Unterart auf Larix leptolepis zu übertragen. V. album L. ssp. laxum kommt hauptsächlich auf der Föhre (Pinus silvestris) aber auch auf anderen zweinadeligen Kiefern vor. Seltener geht sie auch auf Fichten über. Vor kurzem wurde der erste natürliche Sammelwirt für Laubholz- und Kiefernmistel beschrieben (Grazi und Zemp, 1985). Es handelt sich um Genista cinerea aus Südfrankreich, auf der sowohl die Laubholzmistel als auch die Kiefernmistel parasitiert.

Einige Laubholzarten (z. B. Buche, Buchsbaum) sind resistent gegen Mistelbefall. Bei anderen Arten, Ulmen und den einheimischen Eichen (Quercus robur und Qu. petraea), erfolgt sehr selten eine Infektion. Der Unterschied zwischen resistent und sensibel scheint bei diesen Pflanzen genetisch fixiert zu sein. Schneidet man Reiser von diesen Pflanzen und bewurzelt diese oder pfropft sie auf, so sind diese vegetativ vermehrten Arten erneut infizierbar. Diese Art der vegetativen Vermehrung und künstlichen Infektion wird von den Firmen durchgeführt, die Mistelpräparate definierter Wirtspflanzen auf den Markt bringen (z. B. Iscador Qu. = fermentierter Mistelextrakt von Eichenmisteln). In diesem Zusammenhang sei erwähnt, daß Loranthus europaeus, eine in Österreich und Südeuropa sommergrüne Loranthaceae, auch als "Eichenmistel" bezeichnet wird, jedoch nicht für die genannten Arzneimittelspezialitäten verwendet wird.

Entwicklung einer Mistelpflanze

In der Natur erfolgt die Verbreitung der Mistelpflanze durch verschiedene Vögel, die entweder die Mistelbeeren als Ganzes verschlingen und keimfähige Samen mit dem Kot absetzen oder nur die Beerenhaut fressen und die Samen mit der anhaftenden Schleimschicht an der Futterstelle zurücklassen. Auch eine künstliche Infektion durch manuelles Ankleben der Beeren oder Samen ist möglich, vorausgesetzt man beachtet die Wirtsspezifität.

Die Mistel ist ein obligater Lichtkeimer; Samen, die im Dunkeln aufbewahrt werden, verlieren ihre Keimfähigkeit. Die Phase von der Anheftung an den Wirt bis zur erfolgreichen Infektion, dem Herstellen eines Xylemkontaktes zwischen Mistel und Wirt, dauert etwa ein Jahr, manchmal auch beträchtlich länger. Die Keimung beginnt mit einem Auswachsen des Hypokotyls. Die Hypokotylspitze ist zunächst keulig geschwollen, plattet sich aber im Kontakt zum Wirt ab (Haftscheibe). Vom zentralen Teil der Haftscheibe wird durch intensive Zellteilung ein Keil in das Wirtsgewebe vorgeschoben. Auf Querschnitten durch Wirtsäste, die mehrjährige Mistelzweige tragen, erkennt man, daß das Mistelholz einen erheblichen Anteil des Querschnitts einnimmt (s. Abb. 1). Etwa mit dem Erreichen des Wirtsxylems entfalten sich die ersten beiden Blattpaare der Mistel. Die Teilungsaktivität des Mistelsenkers erfolgt jetzt synchron mit dem Wirtskambium. Da die Mistel in jedem Jahr ein Sproßelement entwickelt, ist es möglich, das Alter eines Mistelbusches durch Zählen der Knoten zu bestimmen.

Neben den Primärsenkern entwickeln sich noch Rindenstränge, die parallel zur Oberfläche des Wirtsastes in dessen Rinde verlaufen. Im Gegensatz zum Kambium des Senkers, das sich dem Wirtskambium anpaßt, ist die meristematische Zone der Rindenstränge

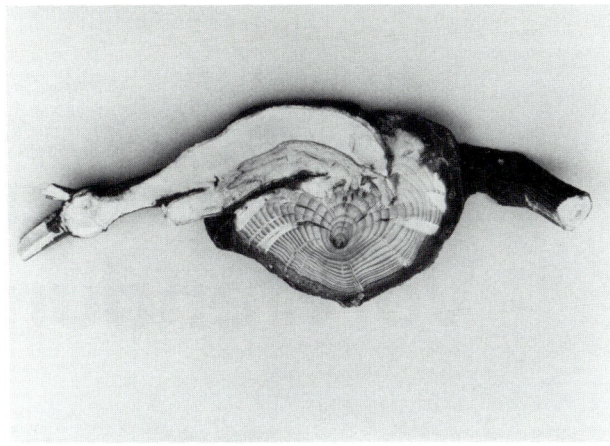

Abb. 1: Querschnitt durch den Ast eines Laubholzes, der zwei Mistelbüsche trug.

über das ganze Jahr aktiv. Von den Rindensträngen werden Sekundärsenker in das Wirtsholz vorgetrieben, die sich wie die Primärsenker verhalten. Gelegentlich können sich ausgehend von den Rindensträngen, insbesondere nach Verlust des alten Sprosses, neue Mistelsprosse entwickeln. Die einzelnen Merkmale der Primär- und Sekundärsenker sowie der Rindenstränge sind in Tab. 1 einander gegenübergestellt.

Tab. 1: Merkmale von Primär- und Sekundärsenker und Rindensträngen (nach Sallé, 1983)

	Primärsenker	Rindenstränge	Sekundärsenker
Chlorophyllgehalt	+	+	+
Morphologie	keilförmig	länglich	keilförmig
Wachstumsrichtung im Vergleich zum Wirt	radial	longitudinal	radial
Leitelemente	Gefäße und Tracheiden	Phloëm und Tracheiden	Gefäße und radiales System
Art des Wachstums	interkalares Wachstum, sekundär	subterminales Wachstum, primär	interkalares Wachstum, sekundär
Mitotische Aktivität	zyklisch	konstant	zyklisch
Verbindungen zum Wirt	mit dem sekundären Wirtsholz	keine Verbindung mit dem Wirtsgewebe	mit dem sekundären Wirtsholz

II. Arzneiliche Verwendung der Mistel

Kurzer historischer Überblick

Die Mistel als Arzneipflanze hat eine lange Tradition. Sie wurde bereits von Hippokrates (um 460 bis 377 v. Chr.) gegen die „Milzsucht" empfohlen. Auch Theophrast (um 300 v. Chr.) und Plinius d. Ä. (um 60 n. Chr.) berichten über die Mistel. Sie fehlt in keinem der im 16. und 17. Jahrhundert entstandenen Kräuterbüchern. Stellvertretend für diese Angaben sei das entsprechende Kapitel „Von der Krafft und Würckung" bei Hieronymus Bock (1577/1964) unten wiedergegeben.

Aus einem Rezeptbuch Anfang des 18. Jahrhunderts

Von der Krafft und Würckung

Die Misteln seind der eigenschafft / das sie allerley geschwulst zertheilen / erweichen / und herausser ziehen. Von natur mehr wässeriger dann drucken / nicht zu kalt noch zu warm / einer mittelmässigen temperatur und vermischung / werden zum theil inn Leib und ausserhalb genützet.

Innerlich.

Etliche Empirici von Künstlern halten wann Eychemistel / Hesele oder Byrbeume Mistel die erde nicht berüren / sollen sie gut sein für die fallende sucht / gepülvert und inn Wein getruncken / machen derhalben Pater noster darauß / etliche lassen sie inn Silber fassen / und henckens under anderm geschmeid den jungen Kindern an die Hälß.

Eusserlich.

Alle Mistel geschlecht zerstossen / so sie noch grün unnd frisch seind / unnd denzähen safft herausser gewunnen / und inn die schmertzlichen ohren gethon / zertheilet das geschwär / erweichet das selbig inn kurtzen oder wenig tagen / vu leget den schmertz. Mistel zerstossen / und pflasters weiß obergelegt / zertheilet allerley beulen und knoten hinder den Ohren. Weirauch darunder vermischet / und (wie vor stehet) obergelegt / seuberet und heilet alte schäden.

Mistel mit ungelöschtem Kalck zerstossen / und also auff das Milz ein pflaster gemachet / soll das selbig verzehren. Gemelte arznei, so Weinheffen darunder temperiert würt / und obergelegt / soll die groben rauhen nägel an den fingern glatt machen.

Der gemeinest brauch der Misteln ist Vogelleim. Die alten haben den selben Leim auf den unzettigen Mistelbeerlein im Sommer gemacht / die müßte man zerstossen / wann sie gedörrt waren / und folgender tag inn Wasser lassen beissen und faulen.

Serapio lehret ein andere weiß Leim zümachen / nemlich das die Mistelrinden oder schölet auff zween Monat inn Wasser sollen geweichet / unnd als dann hefftig unnd wol gestossen werden / das gebe den besten Vogelleim / dise weiß Serapionis gefellt mir am besten.

Etliche halten wann man dem Vihe Mistel im futter gebe / es soll daruon zunemmend und feißt werden.

Auch solle das ungeschlacht oder munfruchtbar Rindvihe von gemeltem Mistel fütter ärtig / und zür jungen zucht geschlacht werden / sagt Plin. lib. rvj. cap. rlv.

Auß Mistel und Schafgarben fasst ein pflaster gemachet und aufgelegt / ist gut zu den Brüchen der jungen Kinder.

Mistel inn Wasser gesotten / und darein gesessen / stillet das Mütterwehe.

wird ein Rezept zum Hauptindikationsgebiet der fallenden Sucht wiedergegeben. (Adriani à Mynsicht, 1702). Die Zeichen wurden angepaßt an die heutige Schreibweise.

Rotulae Smaragdinae

Smaragd. praep.	drach. ij.
Corn. Alcis spagyrice calc.	drach ij.
Sem. Paeon. maris decrescente Lun. collect.	
Citri excort.	ana drach, j.
Rad. diptamni alb.	
Gran. chermes	
Galangae min.	
Croci orient. praep.	
Cubebarum	
Visci quercin.	ana drach. s.
Mag. perlar, or.	
Corallor rub.	
Hyacinth. praep.	ana scr. j.
Ol. succini alb. rectif.	
Nuc. moschat.	
Macis	
Cinamomi	ana scr. j.
Rorismarin.	
Lavendulae	ana gut. jv.
Sacchari albiss. in aq. Apoplect & Epilepti-	
canost. ana dissolut	unc. xvj.

Mischs und machs nach der Kunst zu einem Confect in Rotulin Gestalt.

Vires, Usus

Diese Scheiblein genutzet / verwahren den Menschen wunderlich vor dem Schlag / fallenden Sucht / Gicht und dergleichen / helffen dem Schwindel und nehmen die Blödigkeit des Hirns hinweg. Sie schärffen die Sinn / und das Gedächtnis; stärcken das Haupt; erquicken die Lebens Geister / und seynd trefflich gut vor studirende und gelehrte Leut / welche die lebhaffte Kräfften durch stätiges meditiren und mancherley Sorgen gefährlich schwächen und Abbruch thun / selbigen wieder auf / und ferners fortzuhelffen.

Während es sich bei dem im Rezept genannten Viscum quercinum wahrscheinlich um Zweige und Blätter von Loranthus europaeus handeln dürfte, sind in einer Frankfurter Arzneitaxe von 1668 (Anonym) verschiedene Mistelherkünfte nach Wirtsbäumen aufgeführt:

Frankfurter Arzneitaxe

Viscum	Abietinum,	Fichtenmispelholz*	1 loth, 6 Kr.
	Corylorum,	Haselmispelholz	1 loth, 4 Kr.
	Pomorum,	Apfelmispelholz	1 loth, 2 Kr.
	Pyrorum,	Birnenmispelholz	1 loth, 2 Kr.
	Quercinum,	Eichenmispelholz	1 loth, 2 Kr.
	Rosarum,	Rosenmispelholz	1 loth, 8 Kr.
	Salicis,	Weidenmispelholz	1 loth, 4 Kr.
	Tiliae,	Lindenbaum-	
		mispelholz	1 loth, 4 Kr.

(* Mispel wurde und wird heute noch im Volksmund häufig an Stelle von Mistel gebraucht)

Wie Franz (1985) in einem Übersichtsreferat über die Mistelinhaltsstoffe als potentielle Arzneimittel hervorhebt, sank gegen Ende des 19. Jahrhunderts die Bedeutung der Mistel als Arzneimittel stark ab. So könne man einem 1869 erschienenen französischen Werk entnehmen, daß die Pflanzenfamilie der Loranthaceae nichts böte, was medizinisch von Interesse sei. In der 2. Auflage der Pharmacopoea germanica (1890) fanden weder die Mistel noch Mistelzubereitungen Aufnahme. Lediglich als besonders hautfreundlicher Klebstoff für die Pflasterherstellung wurde ein aus den Beeren hergestellte Zubereitung um die Jahrhundertwende empfohlen (Riehl, 1900).

Eine beachtliche Intensivierung der arzneilichen Verwendung der Mistel und damit auch der Forschung über wirksame Inhaltsstoffe erfolgte nach den Beobachtungen von Gaulthier (1907) über die blutdrucksenkenden Eigenschaften. Als neues Indikationsgebiet für Mistelextrakte wurde auf Anregung Steiners (1920) die Krebstherapie aufgenommen. Ob frühere Angaben in Kräuterbüchern wie etwa bei Fuchs (1543) „... Mystel mit hartz und sovil wachs vermischt und übergelegt, zeitiget / verzert / weycht und zeucht zusammen die ohrmützel und allerley geschwulst...", bereits dieses Indikationsgebiet einschließen, bleibt bei der allgemein breiten Anwendung vieler Arzneipflanzen und der unscharfen Begriffsbestimmung zweifelhaft (Becker und Schwarz, 1972).

Weitere markante Punkte in der Erforschung der Mistelinhaltsstoffe und der arzneilichen Verwendung waren die Isolierung der Viscotoxine von Winterfeld und Mitarbeitern (z. B. Winterfeld und Bijl, 1949) und von Samuelsson und Mitarbeitern (Samuelsson, 1973) sowie die Arbeiten über die Lektine der Arbeitsgruppen um Luther und Franz (Zusammenfassungen: Luther, 1982; Franz, 1985). Auf die in dem kurzen historischen Überblick erwähnten Arbeiten ab 1900 wird im folgenden im Detail eingegangen.

Heutige arzneiliche Verwendung

Mistelzubereitungen sind in der Bundesrepublik Deutschland in etwa 40 Fertigarzneimitteln mit den Hauptindikationsgebieten Antihypertonika, Geriatrika

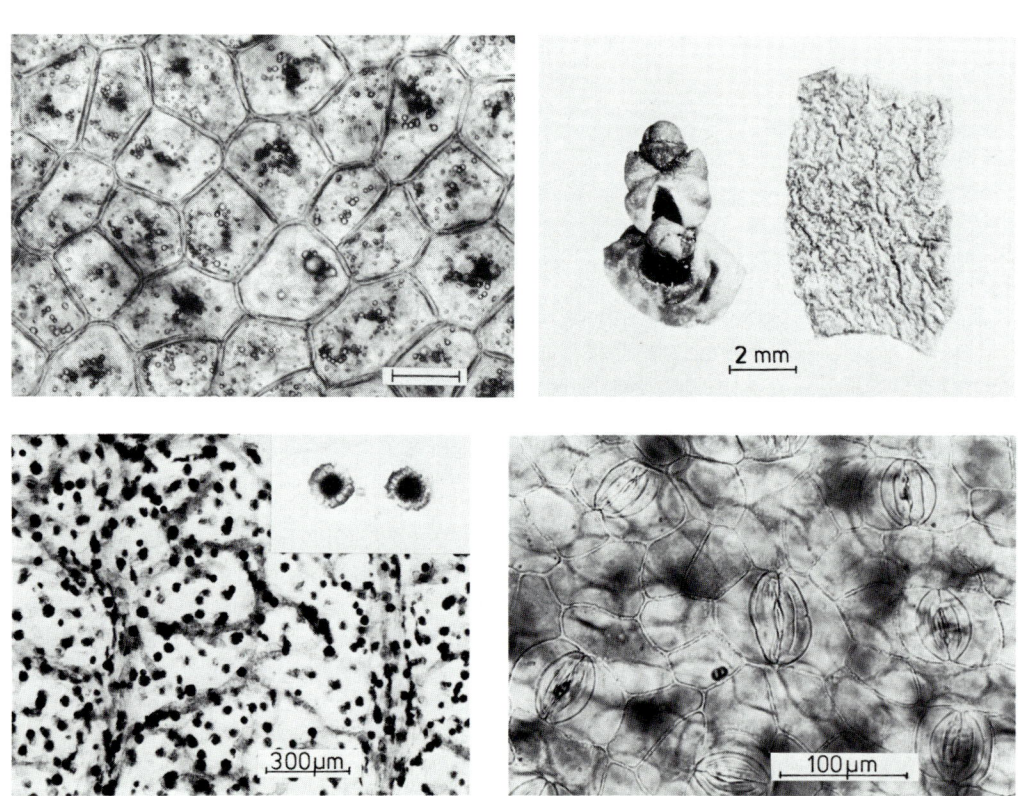

Abb. 2: Morphologisch anatomische Merkmale von Mistelkraut (Visci albi herba).
  a) Epidermis der Fruchtwand
  b) Zapfenartiger Blütenstand (links) und lederartig gerunzeltes Blattstück (rechts)
  c) Massenhaftes Vorkommen von Calciumoxalat-Drusen mit dunklem Zentrum und grauem Hof (rechts oben)
  d) Blattepidermis mit paracytischen Spaltöffnungen
  a. Aus Frohne und Pfänder (1982);
  b—d. Aus Wichtl (1984).

und Arteriosklerosemittel enthalten. Sie sind dabei durchweg mit anderen Drogenauszügen, wie z. B. Weißdorn und Knoblauch kombiniert. Auch in Frankreich sind nach Baudino (1985) Mistelzubereitungen in etwa 20 Arzneimitteln enthalten. Neben den genannten Indikationsgebieten nennt Baudino noch die Anwendung als Spasmolytikum bei Keuchhusten, Asthma und gewissen Formen von Krämpfen. Misteltee wird, rein empirisch, als Adjuvans in der Therapie des Bluthochdrucks, bei Schwindelgefühl und Blutdrang zum Kopf verwendet, in der Volksmedizin neben Schwindelanfällen außerdem bei Amenorrhö und Gelenkerkrankungen (Wichtl, 1984).

Mistelkraut, Visci albi herba, ist als Monographie in den Deutschen Arzneimittelkodex (DAC-1979, 1. Ergänzung 81) aufgenommen. Danach handelt es sich um „die getrockneten jüngeren Zweige mit Blättern, Blüten und Früchten von Viscum album Linné (Loranthaceae)". Die Identitätsprüfung erfolgt aufgrund morphologisch anatomischer Merkmale. Neben der im DAC gegebenen Beschreibung mit 3 schematischen Zeichnungen können insbesondere die von Frohne und Pfänder (1982) und Wichtl (1984) wiedergegebenen photographischen Aufnahmen der Fruchtwandepidermis (s. Abb. 2a), der ledrigen, gerunzelten Blattbruchstücke sowie der zapfenartigen Blütenstände (sitzende Trugdolden, s. Abb. 2b), der relativ großen, paracytischen Spaltöffnungen (s. Abb. 2d) und der zahlreichen Oxalatdrusen mit grauem, scharf begrenztem Hof im Innern (s. Abb. 2c) zur Identitätsprüfung herangezogen werden. Bei der Prüfung auf Reinheit werden fremde Bestandteile (höchstens 1 %), Trocknungsverlust (höchstens 10 %), Asche (höchstens 10 %) und Extraktgehalt (mindestens 25 % mit 50 % Ethanol) bestimmt.

Nach Braun (1981) werden zur Bereitung des Tees zwei Teelöffel Droge pro Tasse kaltem Wasser angesetzt, über Nacht ziehen gelassen und morgens nüchtern getrunken.

Wie bereits kurz erwähnt, begann die wissenschaftliche Bearbeitung der Mistel im Hinblick auf das Hauptindikationsgebiet Hypertonie mit einer Arbeit von Gaulthier (1907). Von diesem Autor (Gaulthier 1910; Gaulthier und Chevalier 1907, 1908) wurden eine Reihe von Versuchen zur Blutdrucksenkung beim Menschen und an Tieren durchgeführt, die in der späteren Feststellung Gaulthiers (1938) gipfelten, daß die Mistel der einzige pflanzliche Blutdrucksenker mit wohl definierter Wirkung sei. Trotz dieser Aussage und zahlreichen weiteren Arbeiten bleibt die Frage der Blutdrucksenkung und der dafür verantwortlichen Inhaltsstoffe bis heute offen. Im folgenden sollen einige dieser Arbeiten kurz in chronologischer Reihenfolge beschrieben werden:

1927 Bijlsman fand, daß die blutdrucksenkende Wirkung durch eine Erweiterung der Koronar- und peripheren Gefäße zustande kam.

1929 Ebster und Jarisch stellten im Tierversuch eine langanhaltende reflektorische Blutdrucksenkung durch Mistelextrakte fest, verbunden mit einer Herztoxizität.

1931 Kochmann fand aufgrund pharmakologischer Untersuchung neben einem toxisch wirkenden einen blutdrucksenkenden Anteil, der ein „parasympathisches Reizgift" darstellt und dem Acetylcholin nahesteht.

1932 Müller hielt den blutdrucksenkenden Anteil für ein Gemisch von Acylderivaten des Cholins, entweder Propionylcholin oder Acetylcholin.

1933 Dressler et al. führten die Blutdrucksenkung auf Cholin zurück.

1939 Winterfeld und Dörle konnten anhand systematischer Extraktionsversuche eine blutdrucksenkende und eine herzwirksame Komponente isolieren. Dazu wurde die Droge mit Eisessig extrahiert, der Extrakt mit Aceton gefällt, die Fällung in Wasser gelöst und mit Cholesterin behandelt. Dabei entstand ein blutdrucksenkender Niederschlag und ein herzwirksames Filtrat.

1940 Enders bestätigte, daß die Mistel einen herzwirksamen und einen blutdrucksenkenden Anteil enthält.

1942 Winterfeld und Kronenthaler isolierten Cholin und Acetylcholin.

1948 Winterfeld und Bijl reicherten den herztoxischen Stoff an und bestimmten sein Molekulargewicht mit 936.

1957 Pora et al. konnten in Abhängigkeit von der Wirtspflanze bei intravenöser Applikation am Hund eine Blutdrucksenkung beobachten, die jedoch immer von einer herz- und atmungstoxischen Wirkung beteiligt war. Nach der Toxizität konnten die Misteln in folgende Reihenfolge eingeordnet werden: Acer, Tilia, Juglans, Robinia, Populus > Betula, Rosa, Fraxinus > Prunus, Abies > Malus silvestris > Malus domestica.

Durch Kochen und Abtrennen des dabei auftretenden Niederschlags wurde die toxische Wirkung abgeschwächt, bei Abies verschwand auch die respiratorische Wirkung, der blutdrucksenkende Effekt blieb dagegen beinahe unverändert erhalten. Neben Tierversuchen wurden auch therapeutische Versuche am Menschen mit einer Dosis von 1 g Mistelpulver (von Malus domestica) täglich oder im Abstand von zwei Tagen durchgeführt. Bei 16 Personen (von 100), die über längere Zeit beobachtet werden konnten, war nach 14tägiger Applikation des Mistelpulvers eine z. T. lang anhaltende Senkung sowohl der systolischen als auch der diastolischen Maxima festzustellen. Die Behandlung war bei den Patienten, deren Blutdruck nach einem behandlungsfreien Intervall (5, 6, 7, 8, 11 und 17 Monate) wieder angestiegen war, erneut mit Erfolg durchzuführen. Neben der Blutdrucksenkung wird berichtet, daß Patienten 3 bis 5 Tage nach dem Beginn der Behandlung ein plötzliches Wohlbefinden empfunden hätten. Kopfschmerzen, Schwindelanfälle, Flecken vor den Augen und andere Anzeichen der Hypertensionen seien verschwunden. Die Autoren nehmen einen zentralnervösen, parasympathischen Mechanismus an. Daneben bestehe noch eine periphere, gefäßerweiternde Wirkung, die sowohl zentralnervös als auch durch das unmittelbare Einwirken des wirksamen Prinzips auf die Blutgefäße bedingt sei.

1957 Sajner und Veris gingen davon aus, daß neben Acetylcholin, Histamin für die blutdrucksenkenden Eigenschaften verantwortlich ist. Im pharmakologischen Test entsprachen 1,0 g der Droge etwa 40 γ reinem Histaminchlorid.

1959 Samuelson isolierte γ-Aminobuttersäure (Gabal), die im Tierversuch, allerdings nur bei parenteraler Applikation, eine Blutdrucksenkung hervorrief.

Trotz der zahlreichen Untersuchungen, die die blutdrucksenkenden Eigenschaften zu belegen scheinen, ist ein abschließendes Urteil nicht möglich. Dies liegt zum Teil daran, daß die Extrakte im Tierexperiment parenteral appliziert wurden. Hierbei kommt die Viscotoxinwirkung zum Tragen. Soweit andere blutdrucksenkende Substanzen gefunden wurden, wie verschiedene Acylderivate des Cholins oder Histamin oder γ-Aminobuttersäure, so sind diese in der vorgefundenen Konzentration sicherlich nicht oral wirksam. Die Kommission E beim Bundesgesundheitsamt, die die Monographie für die Standardzulassung „Visci albi herba (Mistelkraut)" erarbeitet hat, hat deshalb folgenden Hinweis angebracht: „Die blutdrucksenkenden Wirkungen und die therapeutische Wirksamkeit bei milden Formen der Hypertonie bedürfen einer Überprüfung". Demnach sind pharmakologische und klinische Untersuchungen, begleitet von Untersuchungen über wirksame Inhaltsstoffe, nach wie vor nötig. Die jüngste pharmakologische Untersuchung liegt von Lutomski (1985) vor. Mit einem Handelspräparat unterschiedlicher Zubereitung (Mistel-Pflanzensaft Kneipp und Kneipp Pflanzen-Dragees) wurde die Blutdrucksenkung bei Versuchstieren (Ratten, Kaninchen und Katzen) untersucht.

Da parenterale Applikationen zu toxisch wirkten, wurden die Präparate mittels einer Schlundsonde appliziert. Dabei mußten Katzen aus dem Versuchsprogramm genommen werden, da sie mit Erbrechen reagierten.

Bei einmaliger Dosierung der auf das Körpergewicht umgerechneten Tagesdosis der Handelspräparate konnte bei Ratten keine Blutdrucksenkung beobachtet werden. Mit der zehnfachen Menge ergab sich eine Blutdrucksenkung von 6—8 % im Vergleich zur Ausgangslage über 45 Minuten. Bei Kaninchen war eine Senkung von 6—11 % mit der höheren Dosierung über 75 Minuten zu erreichen.

Wurde die höhere Dosierung über einen längeren Zeitraum (bis 6 Wochen) appliziert, so war sowohl bei normotensiven als auch bei spontan hypertensiven Ratten eine deutliche Blutdrucksenkung zu beobachten. Bei den spontan hypertensiven Ratten erreichte die Senkung durch den Mistelsaft nach einer Woche 25 %, nach zwei Wochen 38 % und nach vier Wochen 58 % im Vergleich zu den Kontrolltieren. Die gewählten Dosierungen hatten nach einmaliger Gabe keinen Einfluß auf die Herzfrequenz. Die Atemfrequenz und -amplitude wurden durch die höhere Dosis um ca. 13 % vermindert. Ein Einfluß auf die Koronargefäße und auf die peripheren Gefäße konnte nicht festgestellt werden. Am isolierten Kaninchendarm wurde eine Erhöhung des Darmmuskeltonus bei erhaltener Peristaltik beobachtet. Bei orientierenden Versuchen zum Wirkungsmechanismus der Blutdrucksenkung ergab sich ein Hinweis darauf, daß die Wirkung über eine Beeinflussung des vegetativen Nervensystems erfolgt.

Die geschilderten Untersuchungen (Lutomski, 1985) sprechen dafür, daß Mistelpräparate auch bei oraler Applikation eine hypotensive Wirkung am Versuchstier entfalten können. Ob diese Untersuchungen auch auf den Menschen übertragbar sind, müßten kontrollierte klinische Untersuchungen zeigen.

Wie dargelegt, ist die orale Wirksamkeit bei Hypertonie umstritten, dagegen gilt es als sicher, daß die Mistel bei dieser Applikationsform untoxisch ist. 57 Fälle der Berliner Beratungshilfe für Vergiftungen verliefen ohne auffällige Symptome (Frohne und Pfänder, 1982). Bei einem Fall von „Mistelhepatitis" der Literatur fehlt der Kausalzusammenhang zwischen Misteleinnahme und Erkrankung (Harvey und Colin-Jones, 1981).

Verwendung der Mistel in der Homöopathie

Das Lehrbuch der Homöopathie führt für die (homöopathische) Mistel-Therapie folgende Wirkungen auf (Pischel, 1973):

1. Wirkung auf das ZNS:
   Neurasthenie, Melancholie.
2. Wirkung auf das Gefäß-System (N.-Vagus-Wirkung vordergründig):

   Allgemeine Arteriolen- und Kapillar-Spasmen, insbesondere Spasmen am Bronchial-Herz-Kreislaufsystem.
3. Wirkung auf Muskeln, Gelenke und periphere Nerven, also überall dort, wo infolge des Gefäßspasmus, Schmerzen auftreten (Viscum album ist eines der hervorragenden Spasmolytika am Gefäßsystem):
   Die Mistelwirkung hat einen ausgleichenden Effekt auf das vegetative Nervensystem, — sie sediert schnell; dann wird auch der Sympathikus neben dem Vagus betroffen; die Droge stellt in vielen Fällen das seelische Gleichgewicht wieder her. Das hervorragende Therapiegebiet ist und bleibt aber die Spasmolyse. Hierin übertrifft sie, was die Dauer der Krampflösung anbetrifft, alle anderen pflanzlichen Entkrampfungsmittel.

III. Inhaltsstoffe der Mistel

Die in der Mistel gefundenen Inhaltsstoffe wurden von verschiedenen Autoren referiert (Hegenauer, 1962, Luther, 1982, Wagner et al., 1984, Franz, 1985). Sieht man von ubiquitären Inhaltsstoffen wie z. B. Aminosäuren, β-Sitosterol und Pflanzensäuren ab, so bleiben folgende Stoffgruppen übrig, denen eine Wirkung zukommt oder die für die Charakterisierung der Droge oder deren Zubereitung herangezogen werden können:

A Niedermolekulare Stoffe (MG < 1000)

1. Flavonoide
2. Phenylpropane und Lignane
3. Alkaloide.

B Höhermolekulare Stoffe

1. Polysaccharide
2. Viscotoxine
3. Lektine

Diese Inhaltsstoffgruppen sollen im folgenden kurz behandelt werden.

A Niedermolekulare Stoffe

A 1. Flavonoide:

Ohta und Yagishita (1970) hatten aus einer in Japan vorkommenden Varietät V. album var. coloratum auf Pyrus communis folgende drei Flavonoidglykoside isoliert:

7 – 3' Di–O–Methylquercetin – 3–O–D–glukosid

7 – 3' Di–O–Methylluteolin – 4'–O–D–glukosid und

7 – 3' Di–O–Methylluteolin – 4'–O–D–glukoapiosid.

Nach Hydrolyse eines flavonoidhaltigen Extraktes und damit der Spaltung vorhandener Glykoside haben Becker und Exner (1980) Quercetin und sieben Quercetinmethylether isoliert (Abb. 3, IV). Der Vergleich von Misteln verschiedener Wirtsbäume bzw. unterschiedlicher geographischer Herkünfte ergab mit Ausnahme der oben zitierten japanischen Varietät keine gesicherten Unterschiede. Demnach ist es bisher nicht möglich, Misteln verschiedener Wirtsbäume auf Grund des Flavonoidspektrums voneinander zu unterscheiden.

Neben den genannten Verbindungen wurde ein Chalkonglykosid, 2' Hydroxy – 4', 6' Dimethoxychalkonglukosid (Abb. 3, I) aus Kiefernmistel isoliert (Becker et al. 1978).

A 2. Phenylpropane und Lignane:

In einer japanischen Varietät, V. album L. var. coloratum OHWI, hatten Taguchi et al. (1973) Syringaresinol (Abb. 3, V, R = H) und Sakurai und Okumura (1971) Syringin (Syringenin—4'—O—glukosid, Abb. 3, II) erstmals nachgewiesen. Diese Bestandteile wurden auch in Viscum album (ohne Angabe der Wirtspflanze) und in verschiedenen Mistelzubereitungen gefunden (Wagner et al., 1984). Daneben fanden Wagner et al. (1984) und Petricic et al. (1985) noch Syringenin—4'—O—apiosylglukosid (Abb. 3, III) und Syringaresinol—4—4'—di—O—glukosid (= Eleutherosid; Abb. 3, V, R = Glukosyl).

Diese Verbindungen eignen sich nach entsprechender Aufarbeitung zu einer dünnschicht- und hoch-

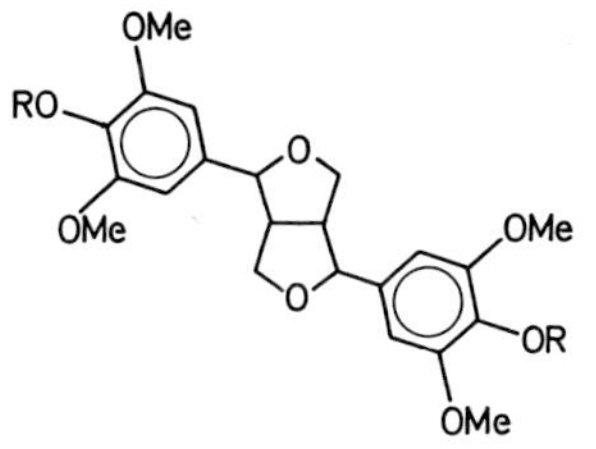

Abb. 3: Flavonoide, Phenylpropane und Lignane aus Viscum alb. L.
I = 2'Hydroxy-4'6'Dimethoxychalkonglukosid
II = Syringenin-4'-0-apiosylglukosid
III — Quercetinmethylether, im einzelnen wurden folgende Verbindungen nachgewiesen

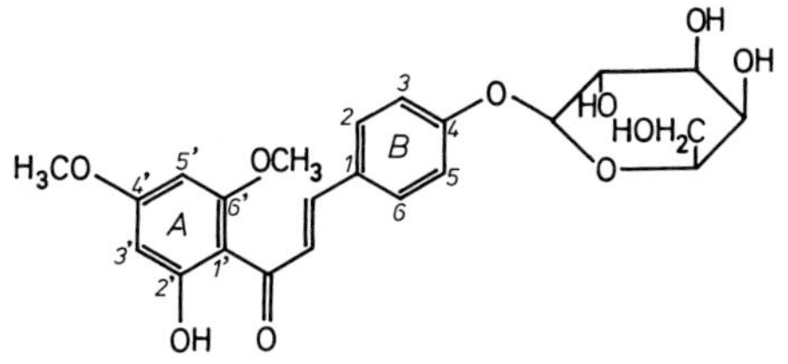

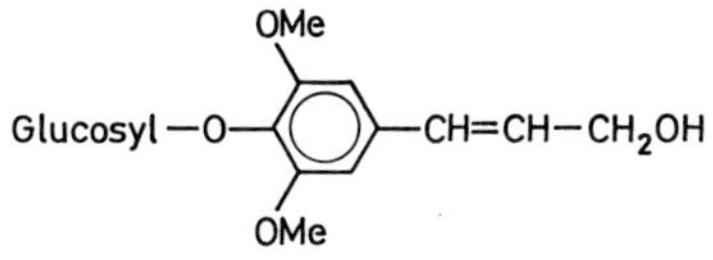

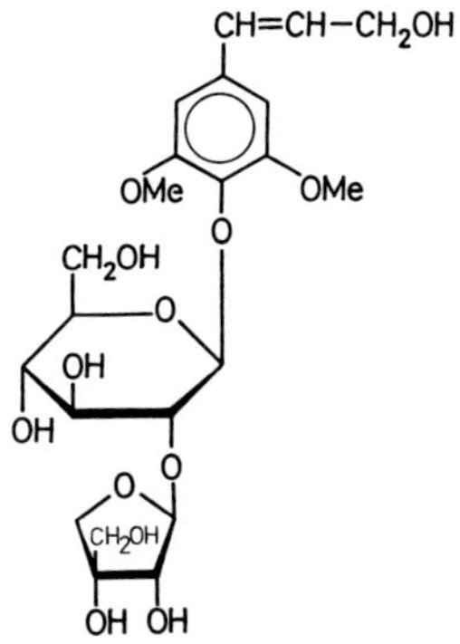

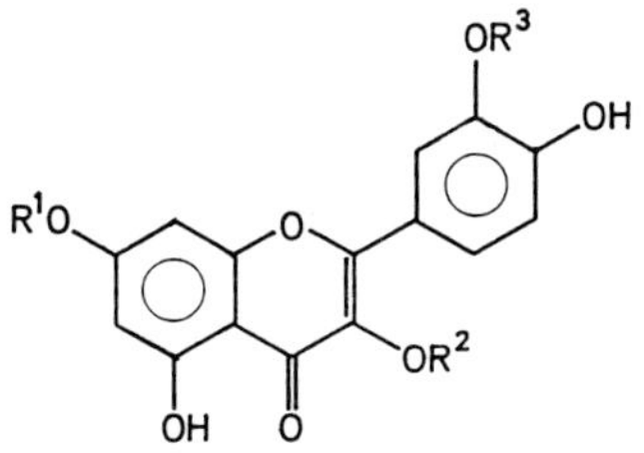

a $R_1 = R_2 = R_3 = H$ e $R_1 = H; R_2 = R_3 = -CH_3$
b $R_1 = R_2 = H; R_2 = -CH_3$ f $R_3 = H; R_1 = R_2 = -CH_3$
c $R_2 = R_3 = H; R_1 = -CH_3$ g $R_2 = H; R_1 = R_3 = -CH_3$
d $R_1 = R_2 = H; R_3 = -CH_3$ h $R_1 = R_2 = R_3 = -CH_3$

IV = Syringin (Syringenin-4'-0-glukosid
V = Syringaresinol (R = H)
= Syringaresinol-4-4'-di-0-glukosid (= Eleutherosid, R = Glukosyl)

druckflüssig-chromatographischen Fingerprintanalyse der Droge und daraus hergestellter Fertigarzneimittel.

A 3. Alkaloide:

Nach Hegenauer (1966) wurden von der Mistel wiederholt Alkaloide beschrieben, die jedoch zum Teil nur ungenügend charakterisiert waren, oder bei denen es sich um biogene Amine (Phenylethylamin) handelte. Auch die kürzlich von Khwaja et al. (1980) beschriebenen Alkaloide aus der var. coloratum sind unzureichend gekennzeichnet, weshalb man besser bis zur endgültigen Klärung der Struktur von basischen Fraktionen sprechen sollte. Diese basischen Fraktionen zeigten zytotoxische Effekte in-vitro und in-vivo. Lediglich zwei stickstoffhaltige Verbindungen aus der gleichen Varietät coloratum sind chemisch eindeutig identifiziert (Sakurai und Okumura, 1971). Bei der einen handelt es sich um Nicotinsäuremethylester, die andere Substanz

wurde von den Autoren als Viscumamid bezeichnet. Letztere ist ein cyclisches Peptid aus 3 Molekülen Leucin und 2 Molekülen Isoleucin. Über pharmakologische Wirkungen des Viscumamids ist nichts bekannt.

B Höhermolekulare Stoffe
B 1. Polysaccharide:

Während vor 1962 Polysaccharide der Mistel nur aus analytischem Interesse (z. B. Mangenot, et al. 1948) untersucht wurden, maß Müller (1962) den Polysacchariden erstmals auch therapeutische Bedeutung zu. Er meldete ein Patent an, dessen Gegenstand die Gewinnung eines Polysaccharids mit tumorhemmender Wirkung in reiner Form aus Viscum album oder anderen Loranthus-Arten war. Dieses Polysaccharid führte nach i. p. Applikation an Mäusen zu einer Tumorhemmung. Klinisch wurden zwar keine Tumorhemmungen festgestellt, jedoch zeigten sich Erfolge bei der Behandlung von Neutropenien (Mathé et al., 1963). Bloksma et al. (1982) prüften eine Polysaccharidfraktion aus Mistelbeeren auf ihre immunstimulierende Wirkung im Vergleich mit Mistelpreßsaft und dem Präparat Iscador. Die Polysaccharide (120 mg/kg) hemmten zunächst die Phagozytose bei Mäusen, gemessen als „carbon clearance", führten dann nach 48 Stunden zu einer beachtlichen Stimulation. Außerdem wurden das Leber- und Milzgewicht erhöht, ähnlich wie es von Adjuvantien bekannt ist.

Eine detaillierte Analyse der Polysaccharide der Mistel mit weitgehender Charakterisierung einzelner Komponenten wurde von Jordan (1985) erarbeitet. Bezogen auf die Frischdroge wurden folgende Ausbeuten an Polysacchariden erhalten: Stengel 0,4 %, Blätter 0,8 %, Beeren 2,1 %. Die Polysaccharide aus Stengeln und Blättern stimmten weitgehend überein und bestanden hauptsächlich aus veresterten $1 \alpha \rightarrow 4$—D—Galakturonanen mit einem mittleren Molekulargewicht von 42 000 D. Die Früchte besaßen einen hohen Gehalt an komplexen Arabinogalaktanen, deren Grundgerüst aus $1 \beta \rightarrow 6$—D—Galaktoseketten besteht, die über ein Rhamnogalakturan miteinander verknüpft sind.

Im „carbon-clearance"-Test zeigten vorgereinigte Polysaccharidfraktionen eine starke Stimulation der Phagozytose. Durch weitere Reinigung ergab sich jedoch, daß diese Fraktionen noch Ribonukleinsäure (RNA) enthielten. RNA-freie Polysaccharide hatten keine signifikanten Effekte auf die Phagozytose.

B 2. Viscotoxine:

Durch Fällung mit Aceton aus einem Essigsäureextrakt der Pflanze konnte in der Arbeitsgruppe von Winterfeld (u. a. Winterfeld, 1942; Winterfeld und Kronenthaler, 1942; Winterfeld und Dörle, 1942) eine nekrotisierende, herztoxische Substanz gewonnen werden, die später von Winterfeld und Bijl (1949) als Viscotoxin bezeichnet wurde. Die letale Dosis betrug 0,8 mg/kg Kaninchen, womit Viscotoxin zu den stärksten Pflanzengiften zu rechnen ist. Chemisch wurde das Viscotoxin von Winterfeld und Leiner (1956) als ein Protein charakterisiert, das aus Aminosäuren besteht, die von Zuckern begleitet sind.

Beginnend im Jahre 1958 hat Samuelsson mit seiner Arbeitsgruppe das Viscotoxin bzw., da die Substanz nicht einheitlich war, mehrere Viscotoxine (A_2, A_3, B und Ps—1) isoliert und deren Aminosäuresequenz bestimmt. Danach handelt es sich jeweils um Peptidketten mit 46 Aminosäuren, deren Faltung von drei Sulfidbrücken bestimmt wird. Ihr Molekulargewicht liegt zwischen 4 833 und 4 907 Dalton. Ihre Toxizität bleibt auch durch 30minütiges Erhitzen auf 100 °C erhalten. Untereinander unterscheiden sich die Viscotoxine durch den Austausch weniger Aminosäuren (Samuelsson et al., 1973).

Toxische Proteine sind auch in anderen Viscaceen, aber nicht in Loranthaceen enthalten (Samuelsson, 1981). Dabei ist es interessant, daß innerhalb einer Gattung Toxin-haltige (Viscum album, V. heyneanum) und Toxin-freie Arten (V. capitellatum, V. engleri) auftreten können.

Woynarowski und Konopka (1980) und Konopka et al. (1980) isolierten insgesamt 4 Viscotoxine, die sie mit I, II, III und IVb bezeichneten, wobei II, III und IVb mit B, A_2, A_3 von Samuelsson identisch sein sollen. Für diese Viscotoxine fanden sie eine zytotoxische in-vitro-Aktivität. Dieses Ergebnis ist für die Interpretation der Wirkung von Mistelgesamtextrakten wichtig. Viscotoxin IVb wird an DNA-Strukturen der Zellen gebunden und übt auf die DNA einen protektiven Effekt bei Hitzebehandlung aus.

Anhang:

Proteinfraktionen nach Vester:

In dem Bestreben, die tumorhemmende Komponente von Mistelextrakten zu charakterisieren, isolierten Vester und Mitarbeiter zwischen 1960 und 1970 einen „basischen Proteinkomplex" mit einem mittleren Molekulargewicht von 60 000. Diese Arbeiten wurden von Vester 1970 in einer Übersichtsarbeit zusammenfassend referiert. Danach lag die Wirkung der Proteine um mehrere Zehnerpotenzen über denen bekannter Zytostatika. Rechnerisch ergab sich für die Wirkung in der Zellkultur bereits eine Hemmung bei 15 Molekülen pro Zelle, die nach Vester nur durch einen spezifischen Eingriff in Steuerungsmechanismen, etwa der Transkription, erklärbar ist. Die Proteinfraktion war hoch immunogen, was sich in einer auffallenden Stimulierung der Thymusdrüse der Versuchstiere bemerkbar machte. Großer Nachteil der Proteinfraktion war deren aufwendige Reinigung und deren leichte Denaturierbarkeit, so daß trotz der geschilderten Effekte die Forschungsarbeiten später aufgegeben wurden.

B 3. Lektine:

Im vorangegangenen Kapitel wurden mit den Viscotoxinen und den Proteinen nach Vester bereits zwei biologisch aktive Peptide aus der Mistel behandelt. Eine weitere Klasse von Proteinen, genauer gesagt Glykoproteinen, sind seit einigen Jahren durch Untersuchungen der Arbeitsgruppen von Luther und Franz in den Mittelpunkt der experimentellen Erforschung von Mistelwirkstoffen gerückt, die Lektine (Übersichtsarbeiten bzw. Buchpublikationen: Luther, 1982; Luther und Becker, 1986; Franz, 1985). Bevor im folgenden speziell auf die Mistellektine eingegangen wird, soll kurz eine allgemeine Charakterisierung der Lektine gegeben werden. Nach einer Definition von Kocourek und Horejsi (1983) sind Lektine „Proteine oder Glykoproteine nicht immunglobuliner Natur mit der Fähigkeit einer spezifischen Erkennung und reversiblen Bindung an glykosidische Strukturen von komplexen Kohlenhydraten, ohne kovalente Strukturen der Zuckerliganden zu verändern".

Lektine wurden in allen Lebewesen nachgewiesen, bei Bakterien, ja selbst bei Viren, ebenso wie bei Pflanzen und Tieren und beim Menschen. Ihre Funktionen sind im einzelnen noch ungewiß, jedoch sollten sie dort eine Rolle spielen, wo es darum geht, spezifische glykosidische Strukturen von Zellen oder Zellbestandteilen zu erkennen. So könnte z. B. die Erkennung gealterter Zellen, das bedeutet von Zellen mit veränderten Oberflächenstrukturen, in der Leber von Säugetieren durch Leberzellektine bewerkstelligt werden. Experimentell bedient man sich der Lektine u. a. in der Blutgruppenserologie zur Blutgruppenbestimmung und in der Immunologie zur Immunstimulation. Einige Lektine, darunter auch eins aus Viscum album, sind hochtoxisch. Es laufen Versuche, diese toxischen Lektine an monoklonale Antikörper (gegen antigene Determinanten von Tumorzellen) zu binden, um damit hochspezifische Zytostatika (Immunotoxine) herzustellen (Uhlenbruck, 1981).

Die Geschichte der Lektine der Mistel wurde von Luther (1982) sowie Luther und Becker (1986) eingehend dargestellt. Danach hat wohl erstmals Krüpe (1956) die hämagglutinierende Wirkung von Mistelextrakten erkannt. Pardoe et al. (1970) beschrieben dann die Spezifität für Galaktose. Luther et al. (1973) begannen ausgehend von Blutgruppenuntersuchung mit der systematischen Erforschung der Mistellektine; diese Arbeiten werden ebenso wie die der Arbeitsgruppe um Franz (ab 1976) bis heute fortgeführt. Hinsichtlich der Nomenklatur der Lektine gibt es noch keine einheitliche Regelung. Während Franz et al. (1981) von Mistellektin I, II und III (abgekürzt ML I, ML II und ML III) sprechen, haben Olsnes et al. (1982) einen eigenen Trivialnamen „Viscumin" geprägt; Samtleben et al. (1984) schlagen dagegen vor, in Anlehnung an die Bezeichnung anderer Lektine die lateinische Pflanzenbezeichnung mit in die Namensgebung einzubeziehen und von „Viscum album Agglutinin" (abgekürzt VAA I und VAA II) zu sprechen.

Für die Isolierung der Mistellektine hat sich eine Affinitätschromatographie an säureaktivierter Sepharose bewährt. In der nachgeschalteten Trennung der Fraktionen unterscheiden sich die Methoden der verschiedenen Bearbeiter.

In der Abbildung 4 (nach Luther und Becker, 1985) ist ein Flußdiagramm der Isolierung im Vergleich zur Isolierung der Proteine und Viscotoxine gegeben.

Die Ausbeute an Lektinen beträgt zwischen 5 bis 50 mg pro 100 g Droge. Der Gehalt ist abhängig von verschiedenen Faktoren, wie Zeitpunkt der Ernte, Art des Wirtsbaumes, Dicke der Blätter.

Wie daraus hervorgeht, gibt es mindestens zwei Viscum-album-Agglutinine, nach Franz et al. (1981) sogar drei. Die Viscum album Agglutinine (VAA I und VAA II identisch mit Mistellektin I, ML I, bzw. II, ML II.) wurden inzwischen weitgehend physikalisch-chemisch charakterisiert. Demnach beträgt das Molekulargewicht 63 000 für VAA I und 59 000 für VAA II. Beide Lektine bestehen aus je 2 Untereinheiten (A und B), die über Disulfidbrücken miteinander verknüpft sind. Der Kohlenhydratanteil liegt bei 11 %. Weitere Kennzahlen, die Aminosäurezusammensetzung sowie ein Strukturmodell, finden sich bei Luther und Becker (1986). Alle drei Lektine agglutinieren Humanerythrozyten; allerdings ist die Spezifität zu „B" und „P" so gering, daß sie nicht zur Blutgruppendiagnostik verwendet werden können. Eine Lymphozytenstimulation, wie sie von anderen Lektinen bekannt ist (z. B. von Con A), wurde nicht beobachtet.

Die Toxizität (gemessen als LD$_{50}$) von VAA I und VAA II beträgt 0,86 μg bzw. 1,38 μg je Maus (35 g); damit ist sie etwas niedriger als die der toxischen Lektine von Ri-

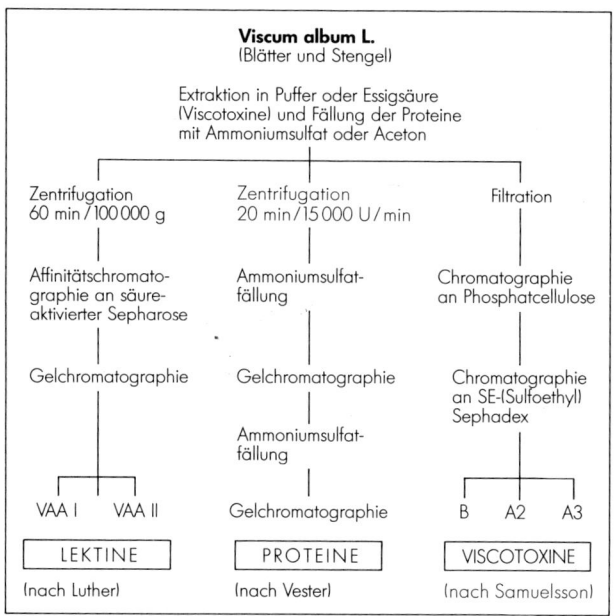

Viscum album L.
(Blätter und Stengel)

Extraktion in Puffer oder Essigsäure
(Viscotoxine) und Fällung der Proteine
mit Ammoniumsulfat oder Aceton

Zentrifugation 60 min / 100 000 g — Zentrifugation 20 min / 15 000 U / min — Filtration

Affinitätschromatographie an säureaktivierter Sepharose — Ammoniumsulfatfällung — Chromatographie an Phosphatcellulose

Gelchromatographie — Gelchromatographie — Chromatographie an SE-(Sulfoethyl) Sephadex

Ammoniumsulfatfällung

VAA I   VAA II — Gelchromatographie — B   A2   A3

| LEKTINE | PROTEINE | VISCOTOXINE |

(nach Luther)   (nach Vester)   (nach Samuelsson)

Abb. 4: Vergleich der Isolierungsmethode biologisch aktiver Proteine aus Viscum album (nach Luther und Becker, 1986).

cinus communis (RCA II = 0,25 μg/Maus) und Abrus precatorius (APA II = 0,13 μg/Maus). In struktureller und funktioneller Hinsicht gibt es Ähnlichkeiten zu den genannten Lektinen. Die A-Kette von VAA I hemmt im zellfreien System die Proteinsynthese (Franz, 1985). Für intakte Zellen ist sie nicht toxisch, da sie nicht in die Zelle gelangt. Die B-Kette alleine hat in beiden Systemen keine hemmende Wirkung. Im intakten Lektin ist sie jedoch verantwortlich für die Anheftung an galaktosehaltige Strukturen der Zelloberfläche, die der Einschleußung der toxischen A-Kette in die Zelle vorausgeht.

In-vitro hemmen VAA I und VAA II die allergeninduzierte Histaminfreisetzung basophiler Granulozyten von Patienten mit allergischem Asthma bronchiale.

IV. Mistelextrakte als Krebstherapeutikum

Art der verwendeten Präparate

A. Präparate der anthroposophisch orientierten Medizin

Wie bereits erwähnt, erfolgte die Anwendung von Präparaten aus Viscum album zur Tumortherapie auf Anregung von Steiner (1920), dem Begründer der Anthroposophie. Aus dessen Schriften seien auszugsweise einige Sätze über die Mistel zitiert: „Dadurch eignet sich die Mistel eben ganz besondere Kräfte zu ... Sie will vermöge ihrer Kräfte alles dasjenige nicht, was die geraden Organisationskräfte, die geradlinig sich entwickelnden Organisationskräfte wollen, und sie will dasjenige, was die geradlinig sich entwickelnden Organisationskräfte nicht wollen ... Nun ist die Mistel zweifellos dasjenige, durch dessen Potenzierung man erreichen wird müssen das Ersetzen des Chirurgenmessers bei den Geschwulstbildungen ... Und es handelt sich dann darum, daß man namentlich die Leimsubstanz, die leimartige Substanz der Mistel in den richtigen Zusammenhang bringt mit einem Verreibungsmittel und man allmählich eine sehr hohe Potenzierung dieser mistelartigen Substanz herausbringt."

Auf die Anregungen Steiners gehen heute eine Reihe von Mistelpräparaten zur Krebsbehandlung zurück. Trotz des gemeinsamen Ursprungs bestehen beträcht-liche Unterschiede in der Herstellungsweise und damit zwangsläufig in der Zusammensetzung und mit großer Wahrscheinlichkeit in der Wirkungsweise der einzelnen Praparationen. Es erscheint deshalb wichtig, die Herstellungsverfahren kurz zu skizzieren.

ISCADOR, Weleda, AG, Schwäbisch Gmünd

Iscador-Ursubstanz wird im Laboratorium des Vereins für Krebsforschung Arlesheim wie folgt hergestellt:

Die Mistelernte erfolgt einmal im Sommer und einmal im Winter von den entsprechenden Vegetationsformen. Die Pflanzen werden an ausgewählten Orten Frankreichs und der Schweiz von verschiedenen Wirtsbäumen (Apfelbaum, Eiche, Ulme, Weißtanne und Kiefer) unter Aufsicht eines Biologen geholt, der für die Identität und Kennzeichnung der verschiedenen Mistelarten verantwortlich ist.

Es werden jeweils die ein- bis zweijährigen Triebe der Mistelbüsche mit Stengeln, Blättern, Knospen, Blüten und Beeren verwendet. Die Pflanzen werden unter Kühlung transportiert und innerhalb von 24 Stunden nach der Ernte verarbeitet.

Die Herstellung bis zu einem Zwischenprodukt, „Viscum 50 %", erfolgt unter aseptischen Bedingungen. Die zerkleinerten Pflanzenteile werden gewalzt und dem Gewicht entsprechend mit der gleichen Menge sterilem destilliertem Wasser vermischt. Dieser Extrakt wird einer kontrollierten Milchsäuregärung unter Sauerstoffausschluß unterzogen.

Nach 4—6 Wochen ist der Gärprozeß, der bei pH 3,5—4 abläuft, zum Stillstand gekommen und die Zwischenprodukte, „Viscum 50% Wintersaft" und „Viscum 50% Sommersaft" werden bis zur Herstellung des Iscadors gelagert.

Zur Herstellung der 10%igen Iscador-Ursubstanz werden Viscum-Sommer- und -Wintersaft nach entsprechender Verdünnung in einer hochtourigen Maschine gemischt. Die Ampullierung erfolgt je nach Land entweder im Laboratorium Hiscia des Vereins für Krebsforschung Arlesheim oder in den verschiedenen Laboratorien der Vertriebsfirma Weleda in den für den klinischen Gebrauch notwendigen verschiedenen Verdünnungsstufen. Zur Sterilisierung wird entsprechend den Vorschriften der Länder entweder die Keimfiltration oder eine schonende Erwärmung benutzt.

HELIXOR, Helixor Heilmittel GmbH, Rosenfeld

Es erfolgt eine wäßrige Extraktion mit anschließender Sterilfiltration. Sommer- und Winterextrakte werden gemischt. Die Ampullen (1 ml) enthalten in physiologischer Lösung die löslichen Bestandteile einer aliquoten Menge Frischpflanzen (1 mg, 5 mg, 10 mg, 20 mg, 30 mg, 50 mg).

ABNOBA viscum, Abnoba Heilmittel GmbH, Pforzheim

Es wird ein Preßsaft hergestellt, der etwa 75% des eingesetzten Mistelfrischgewichts entspricht. Nach Brettschneider (1985) wird bei der Herstellung dieses Präparates angestrebt, daß der kolloidale Substanzzustand erhalten bleibt. Dazu zählt, daß der Saft grün ist und diese Färbung nicht verliert. Die Sterilisation erfolgt durch ein Filtrierverfahren. Sommer- und Wintersäfte werden gemischt.

ISCUCIN-Viscum, Wala-Heilmittel GmbH, Eckwälden

Die Herstellung wird von Vogel und Scheuerle (1985) wie folgt beschrieben:

1. ... Der im Tiefwinter (zwischen 24. Dezember und 6. Januar) gewonnene Mistelsaft wird in einem paraboloiden Gefäß, das innen versilbert ist, mittels eines am Boden des Gefäßes angebrachten Turbinenrades mit hoher Achse in wirbelförmige Bewegung gebracht. Der um Johanni gewonnene Sommersaft wird aus einem zweiten Gefäß, das auf der Innenseite vergoldet ist, ins Zentrum des Wirbels eingetropft. Dies führt zu einer intensiven Durchmischung des Sommersaftes im Wintersaft. Der Sinn dieser Mischung beruht auf der extremen inneren Oberflächenbildung des Wirbels, in die der Sommersaft übergeführt wird.

2. Die aus Sommer- und Wintersaft bestehende Grundsubstanz wird analog den Regeln der Homöopathie im Verhältnis 1:20 (!) potenziert. Die derzeit höchste Potenzstufe entspricht einer 20^{-10} und wird Stärke A genannt. Die tiefste Potenzstufe entspricht einer 20^{-1} = Stärke H.

3. Die Mistelzubereitungen werden, bevor sie in Ampullen steril abgefüllt werden, mit Hilfe der oligodynamischen Wirkung des Silbers keimfrei gemacht. Es werden also Erhitzung und Sterilfiltration vermieden.

Bei allen nach anthroposophischen Gesichtspunkten hergestellten Präparaten wird streng nach Wirtsbäumen unterschieden und die Präparate entsprechend gekennzeichnet, z. B. Iscador Qu = (Iscador von Viscum album, die auf Eichen gewachsen war). Zum Teil werden Kombinationen mit verschiedenen Metallen hergestellt. Wesentliche Unterschiede liegen zum einen darin, daß unterschiedlich dosiert wird. Außerdem wird Iscador einer gelenkten Milchsäuregärung unterworfen, während die anderen Präparate keine solche Behandlung erfahren.

B. Übrige Präparate
PLENOSOL, Fa. Madaus, Köln

Extractum Visci albi e planta rec. aquos (1:1).

Das Präparat wird auf Nekroseeinheiten (NKE) standardisiert und kommt in 3 Stärken in den Handel:

Stärke 0　=　　 200 NKE in 1 ml
Stärke I　=　 2 000 NKE in 1 ml
Stärke II　= 20 000 NKE in 1 ml.

1 NKE ist definiert als die Wirkstoffmenge, die in der Rückenhaut von Kaninchen bei intrakutaner Injektion von 0,1 ml noch eine deutliche Hautreaktion hervorruft.

OMELAN

Es handelt sich um ein sowjetisches Präparat (Omelan = Mistel), das auf experimentelle Arbeiten von Chernov (1954) zurückgeht.

V. Zytostatische und zytotoxische Wirkung von Mistelextrakten

Untersuchungen an Pflanzen und Pflanzenzellen

In einem Übersichtsartikel über „Die Mistel als Krebstherapeutikum" (Becker und Schwarz, 1974) wurden eine Reihe von experimentellen Arbeiten referiert. Daraus geht hervor, daß die ersten Untersuchungen nicht an Tieren, sondern an Pflanzen (Havas, 1936, 1939) gemacht wurden. Auch in neuerer Zeit wurde der Einfluß von Mistelextrakten und Handelspräparaten auf pflanzliche Zellen untersucht. Sallé (1980) fand, daß Iscador dosisabhängig das Wachstum von Linsenwurzeln hemmt. Schröder (1982) beschrieb, daß Helixor eine dosisabhängige Hemmung von crown-gall-Tumoren bei Kalanchoe daigremontiana bewirkte. Als Ursache dafür diskutiert er eine Lektinwirkung. Nach Baudino (1985) hemmt eine 10%ige Iscadorlösung sehr viel stärker das Wachstum von crown-gall-Gewebekulturen von Parthenocissus tricuspidata (90%ige Hemmung) als das von nicht tumoralen Gewebekulturen der gleichen Pflanze (32%ige Hemmung).

Untersuchungen an Tieren und tierischen Zellen

Die ersten tierexperimentellen Versuche mit Mistelextrakten zur Beeinflussung von Tumoren dürften von Koch (1938a, 1938b) unternommen worden sein. Er injizierte 10 bis 20 Tage nach Infektion mit Ehrlichsche Mäuse-Ca die Tiere intra- und peritumoral. Von 282 Mäusen reagierten 188 (67%) deutlich positiv, 39 (14%) wurden geheilt. An Eigenschaften des krebshemmenden Stoffes wurden gefunden:

1. Er ist nicht mit Saponin und nicht mit Acetylcholin identisch, das zu dieser Zeit für die Herzwirkung verantwortlich gemacht wurde.
2. Er dürfte auch nicht mit dem toxischen Prinzip identisch sein, da verschiedenes Ausgangsmaterial fast stets eine andere Reaktion des toxischen und nekroseerzeugenden Stoffes aufweisen. Autoklavieren inaktiviert beide Wirkungen.
3. Der nekroseerzeugende Stoff führt im gesunden Gewebe zu deutlichen Reaktionen, die bei wiederholter Injektion geringer ausfallen.

Basierend auf den Untersuchungen Kochs hat die Firma Madaus ein auf Nekroseeinheiten standardisiertes Präparat (Plenosol, s. o.) herausgebracht.

Die Ergebnisse der Arbeitsgruppe um Vester wurden bereits im Zusammenhang mit den Proteinen erläutert. Im folgenden werden einige neuere experimentelle Arbeiten zur Wirkung von Mistelextrakten an tierischen und menschlichen Zellen in-vitro und in Tieren referiert.

Luther und Mehnert (1974) hatten eine hohe selektive Agglutination von selbst hergestelltem Mistelextrakt und von Iscador auf Maustumorzellen festgestellt. Bei anderen Spezies, einschließlich Mensch, war die Agglutination, die auf den Lektinen beruht, allerdings nicht tumorzellspezifisch (Luther, 1982).

Ulrich und Mechelke (1980) fanden, daß Helixor das Wachstum der permanenten, vom Menschen stammenden Hela-Zell-Linie und das der permanenten von der Maus stammenden L-Zell-Linie stärker hemmte als das Wachstum menschlicher Fibroblasten-Stämme, die in-vitro eine limitierte Vermehrungsfähigkeit haben. Auch das Wachstum und der Anteil lebender Zellen von menschlichen Leukämie-Zellen (Molt 4) und von menschlichen Myelom-Zellen (RMP / 8226) wird dosisabhängig durch Helixor gehemmt (Hülsen und Mechelke, 1982). Ribéreau-Gayon et al. (1984) zeigten, daß Iscador in-vitro dosisabhängig Ratten-Hepatom-Zellen (HTC) lysierte. Bei Virus transformierten Fibroblasten (3T2 SV 40) war der zytolytische Effekt etwa viermal stärker als bei nicht transformierten Zellen der gleichen Art (3T3).

Bei Mäusen, die mit Iscador vorbehandelt waren, ergab sich eine höhere Lebensverlängerung für Sarkom 180 als bei einer Nachbehandlung. Iscador führte außerdem bei Mäusen zu einer Lebensverlängerung bei Ehrlich-Ascites-Karzinom und Lewis-Lung-Karzinom. Dagegen war Iscador nicht wirksam bei Leukämie 1210 und Melanom B 16 (Khwaja et al. 1983).

An weiteren Untersuchungen sind die zu erwähnen, die mit Teilfraktionen unternommen wurden. So fanden Konopka et al. (1980) eine 50 %ige Hemmwirkung für menschliche Tumorzellen (Hela und KB) im Konzentrationsbereich von 1 μg Viscotoxine pro ml Zellkultur. Khwaja et al. (1980) berichteten über die zytotoxischen Effekte basischer Mistelfraktionen (s. Alkaloide).

Einige der Effekte der Mistellektine wurden in dem entsprechenden Kapitel (s. Lektine) referiert. Eine ausführliche Darstellung weiterer Experimente findet sich an anderer Stelle (Luther, 1982; Franz, 1985; Luther und Becker, 1986).

VI. Wirkung auf das Immunsystem

Luther et al. (1984) prüften die Stimulierbarkeit menschlicher Lymphozyten durch Iscador im Lymphozytentransformationstest. Zwischen Lymphozyten von Patienten mit Bronchialkarzinom und gesunden Patienten war kein signifikanter Unterschied in der Stimulierbarkeit festzustellen. Die Stimulation, gemessen als Thymidineinbau, lag in 16 Fällen höher als das zweifache, bei 3 Fällen um das zweifache und nur in einem Fall wurde keine Stimulation beobachtet.

Durch intravenöse Infusion von 2%igem Iscador wurde die Aktivität der „large granular lymphocytes" deutlich stimuliert (Hajto und Lanzerein, 1983). Diese Zellen besitzen sowohl eine Antikörper abhängige Zytotoxizität als auch eine direkte „natural killer"-Aktivität.

Bloksma et al. (1982) fanden eine Adjuvans-Aktivität hinsichtlich der Antikörperbildung sowohl für Mistelextrakte, fermentierte Mistelextrakte (Iscador), Polysaccharide und Lactobacillen.

Heine (1985) untersuchte frisch entnommenes menschliches Tumorgewebe in-vitro unter Zusatz verschiedener Mistelpräparate zum Medium (frisches Humanserum): Helixor M, Iscador M (5%) und Iscucin (C II), jeweils 0,5 mg/ml Serum. Er beobachtete dabei u. a., daß der Zusatz der genannten Mistelpräparate zum Kulturmedium, zu einem besseren Gewebserhalt, insbesondere im peripheren Bereich der Proben führte. Tumorzellen zeigten innerhalb 24 Stunden deutliche „Nekrobiose", die durch den Kontakt mit lymphozytären Zellen, offenbar T-Lymphozyten, hervorgerufen oder beschleunigt wurde.

In einer Arbeit von Coengniet (1985) konnte gezeigt werden, daß bestimmte Plenosolkonzentrationen (0,02 —2 NKE) eine Stimulation von menschlichen Lymphozyten (^{3}H-Thymidineinbau) hervorruft, höhere Konzentrationen die Vitalität der Zellen beeinflussen und Konzentrationen um 0,002 NKE die Leukozytenmigration stimulieren.

Weitere Arbeiten sind bei Wolff (1984) aufgeführt.

VII. Klinische Untersuchungen zur Krebsbehandlung

Luther und Becker (1986), unter Mitarbeit von Leroi, geben eine Übersicht über klinische Untersuchungen der Behandlung mit Iscador. Danach wird das Präparat für die folgenden 3 Indikationsbereiche eingesetzt:

1. Prophylaktische Behandlung von Risikopatienten.
   Da die Gruppenbildung gleichartig gelagerter Fälle hier äußerst schwierig ist, beruht die Aussage über die Wirksamkeit auf der Erfahrung sehr vieler Einzelbeobachtungen der Lukas-Klinik, Arlesheim.
2. Die adjuvante Therapie.
   Sie stellt das Hauptanwendungsgebiet der Iscadortherapie und wurde durch 19 Studien an 9 verschiedenen Lokalisationen in 6 verschiedenen Kliniken geprüft.
3. Tumorbehandlung.
   Bisher wurden etwa 13 Studien bei 8 verschiedenen Lokalisationen an 3 verschiedenen Kliniken durchgeführt.

Klinische Arbeiten über Iscador und die anderen nach anthroposophischen Richtlinien hergestellten Präparate (Helixor, Iscucin und Abnoba) sind in einer neueren Publikation zusammenfassend referiert (Wolff, 1984). Es würde den Rahmen dieser Übersichtsarbeit bei weitem sprengen, wollte man auf diese klinischen Arbeiten auch nur auszugsweise eingehen. An deren Stelle sollen die Titel der Arbeiten erwähnt werden, für die nach einer kritischen Wertung von Nagel und Schmähl (1983) eine ausreichende Basis- und Verlaufsdokumentation vorhanden ist.

Danach handelt es sich für Iscador um folgende Publikationen:

■ Böck, D., und Salzer, G., (1980): Morphologischer Nachweis einer Wirksamkeit einer Iscador-Behandlung maligner Pleuraergüsse und ihre klinischen Ergebnisse.

■ Salzer, G., und Müller, H., (1978): Die lokale Behandlung maligner Pleuraergüsse mit dem Mistel-Präparat Iscador.

■ Salzer, G., und Havelec, L., (1978): Rezitivprophylaxe bei operierten Bronchus-Ca-Patienten mit dem Mistel-Präparat Iscador. Ergebnisse eines klinischen Versuchs aus den Jahren 1969—1971.

■ Salzer, G., (1981): Adjuvante Mistel-Therapie bei Krebserkrankungen.

■ Koch, H. L., Voß, A. C., (1980): Zur Behandlung des Mamma-Ca. — Ein Vergleich zwischen postoperativer Strahlenenergie und Iscador-Langzeitbehandlung nach eingeschränkter radikaler Operation.

Von den Helixor-Publikationen erfüllen folgende das erwähnte Kriterium:

■ Arbeitsbericht 12 (Verein für Leukämie- und Krebstherapie sowie Österreichischer gemeinnütziger Verein für die Mistel-Therapie des Krebses): Zur Behandlung des malignen Melanoms mit Helixor.

■ Arbeitsbericht 13, 1977 (Hrsg. wie vor): Die zusätzliche Helixor-Therapie beim Prostata-Ca des Stad. D.

■ Boi, D., Gutsch, J., Burkhardt, R., (1981): Die Behandlung von Lebermetastasen verschiedener Primärtumoren mit Helixor.

■ Boie, D., Gutsch, J. (1979): Helixor-Behandlung von Patienten mit Lebermetastasen und Leber-Ca.

■ Gutsch, J. (1984): Zum Stand der Therapie der chronisch myeloischen Leukämie Erwachsener mit dem Mistelpräparat Helixor.

Trotz der geschilderten, zahlreichen Versuche in-vitro, in-vivo und der breiten klinischen Anwendung fehlt nach Franz (1985) noch eine umfassende molekularbiologische Begründung der Milteltherapie des Krebses. Da jeweils Gesamtextrakte aus der Pflanze mit mehreren biologisch aktiven Komponenten wie Viscotoxine, Lektine, Alkaloide, Polysaccharide und auch niedermolekularen Stoffen eingesetzt werden, handelt es sich sicherlich auch um eine komplexe Wirkung. Die Aufklärung des Wirkungsmechanismus wird noch dadurch erschwert, daß selbst die nach anthroposophischen Gesichtspunkten hergestellten Präparate, die sich alle auf denselben Ursprung (Steiner) beziehen, sehr unterschiedlich zusammengesetzt sind. Hinzu kommen bei ein und demselben Präparat noch Schwankungen der Zusammensetzung, wie sie auch beim therapeutischen Einsatz anderer nicht standardisierter Pflanzenextrakte auftreten. Es ist jedoch zu hoffen, daß die z. T. geschilderten zahlreichen zur Zeit laufenden Versuche an Gesamtextrakten und an Einzelkomponenten zu einem besseren Verständnis der Mistelwirkung führen. Der Autor hofft insbesondere, daß eine in Heidelberg im April 1986 stattfindende Tagung, an der Mistelbearbeiter aus den Bereichen Botanik, Pharmazie, Biochemie (insbesondere „Lektinologie") und Medizin teilnehmen, zu einer verstärkten interdisziplinären Zusammenarbeit führen wird.

Literatur

Adriani a Mynsicht (1702): Medicinisch-chymische Schatz- und Rüstkammer, Metzler, Stuttgart.
Anonymus (1668): Reformation oder erneuerte Ordnung des H. Reichs Stadt Franckfurt am Mayn, die Pflege der Gesunheit betreffende; Welche denen Medicis, Apotheckern, Materialisten, und anderen Angehörigen daselbsten auch sonsten jedermänniglich zur Nachricht gegeben worden; neben dem Tax und Werth der Arzneyen, welche in den Apothecken allda zu finden. Jung, Frankfurt.
Barlow B. A. (1964): Proc. Linn. Soc. N.S.W. **89**, 268
Baudino S. (1985): Extraits de gui (Viscum album L.) leurs propriétés inhibitrices sur quelques systèmes végétaux. Thèse Doctorat a l'Universite Pierre et Marie Curie Paris 6
Becker H. (1973): Untersuchungen an der Mistel (Viscum album L.) Habilitationsschrift, Karlsruhe
Becker H., Exner J. (1980): Z. Pflanzenphysiol. **97**, 417
Becker H., Exner J., Schilling G. (1978): Z. Naturforsch. 33c, 771.
Becker H., Jurzitza G. (1972): Z. Pflkrankh. z. Pflglschutz **79**, 27.
Becker H., Schwarz G. (1972): Dtsch. Apoth. Ztg. **112**, 1462.
Bijlsman U. G. (1927): Arch. Neerl. Sc. Exactes et Nat. **6**, 142.
Bloksma N., Schmiermann P., De Reuver M., Van Dijk H., Willers J. (1982): Planta Med. **46**, 221.
Bock H. (1577): Kreutterbuch, Straßburg. Reprint Kölbl (1964), München.
Böck D., Salzer G. (1980): Krebsgeschehen **12**, 49.
Boie D., Gutsch J. (1979): Krebsgeschehen **11**, 141.
Boie D., Gutsch J., Burkhardt R. (1981): Therapiewoche **31**, 1865.
Braun H. (1981): Heilpflanzen-Lexikon für Ärzte und Apotheker, 4. Aufl., Gustav Fischer Verlag, Stuttgart, New York.
Brettschneider H. (1985) In: Die Mistel in der Krebsbehandlung. Vittorio Klostermann, Frankfurt. Wolff O. ed., p. 167.
Chernov W. A. (1954): Voprosy Onkologie **7**, 139—150.
Coeugniet E. (1985): Erfahrungsheilkunde **34**, 104.
Dressler E., Kwiatkowski H., Schilf E. (1933): Naunyn Schmiedebergs Arch. **170**, 428.
Ebster H., Jarisch A. (1929): Naunyn-Schmiedebergs Arch. **145**, 207.
Feuer S. M., Kuijjt J. (1982): Amer. J. Bot. **69**, 1.
Franz H. (1985): Pharmazie **40**, 97.
Franz H., Ziska P., Kindt A. (1981): Biochem. J. **195**, 481.
Frohne D., Pfänder H. J. (198827): Giftpflanzen. Wissensch. Verlagsgesellschaft mbH, Stuttgart.
Gaulthier R. (1907): Semaine med. **27**, 513.
Gaulthier R., Chevalier J. (1907): C. R. Acad. Sciences (Paris) **145**, 941.
Gaulthier R., Chevalier J. (1908): Chem. Zentr. Bl. **1**, 210.
Gaulthier R. (1910): Archives internation. de Pharmakologie et de Therapeutique **20**, 97.
Gaulthier R. (1938): Aesculape **28**, 89.
Gäumann E. (1951): Pflanzliche Infektionslehre 2. Aufl., Birkhäuser, Basel.
Grazi G., Zemp M. (1985): 8. Symp. Morphologie, Anatomie und Saystematik, Hamburg.
Grazi G., Urech K. (1981): Beitr. Biol. Pfkanzen **56**, 293—306.
Gutsch J. (1982): Naturheilverfahren **23**, 523.
Havas L. (1936): C. R. Sec. Intern. Congr. Cancer (Bruxelles), 436.
Havas L. (1937): Nature, **138**, 371.
Harvey J., Colin-Jones D. G. (1981): Mistletoe hepatitis. Br. Med. J. **282**, 186—187.
Hegenauer R. (1966): Chemotaxonomie der Pflanzen. IV. Dicotyledonae. Daphniphyllaceae-Lythraceae. Birkhäuser Verlag, Basel und Stuttgart, pp. 249—438.
Hegi G. (1981): Illustrierte Flora von Mitteleuropa III, 1, Wagenitz G., Hrsg. Verlag Paul Parey, Berlin.
Heine (1985): Z. f. Phytotherapie **6**, 67.
Hofstetter M (1985): HPLC-Charakterisierung von Lektinen der Mistel (Viscum album L.) und Verbreitung der Pflanze in der Schweiz. Dissertation, ETH, Zürich.
Hülsenn H., Mechelke F. (1982): Arzneim. Forsch. **32**, 1126.
Jordan E. (1985): Chemische und immunologische Untersuchungen von Polysacchariden und anderen hochmolekularen inhaltsstoffen aus Viscum album L., Dissertation, Fakultät für Chemie und Pharmazie, München.
Khwaja T. A., Dias C. B., Pentecost S. (1983): Abstract of 13 International Congress of Chemotherapy. Wien 28. Aug. — 2. Sept.
Khwaja T. A., Varven J. C., Pentecost S., Pande H. (1980): Experientia **36**, 599.
Koch F. E. (1938 a): Z. Krebsforsch. **47**, 325.
Koch F. E. (1938b): Z. ges. exp. Med. **103**, 740.
Koch H. L., Voß A. C. (1980): Med. Welt **31**, 1773.
Kochmann M. (1931): Arch. Exptl. Path. Pharm. **161**, 553.
Kocourek J., Horejsi V. (1983): In: Lectins, biology, biochemistry, clinical biochemistry Bog-Hansen T. C., Spengler G. A., Hrsg., Walter de Gruyter, Berlin, New Yorck, pp. 3—6.
Konopa J., Woynarowski J. M., Lewandowska-Gumieniak M. (1980): Hoppe-Seyler's Z. Physiol. Chem. 1525.
Krüpe M. (1956): Blutgruppenspezifische pflanzliche Eiweißkörper (Phytoagglutinine) Enke Verlag, Stuttgart.
Luther P. (1982): Lektin und Toxin der Mistel. Aberglaube und moderne Forschung Akademie-Verlag, Berlin.
Luther P., Becker H. (1986): Mistel, Springer Verlag und VEB Verlag Volk und Gesundheit (im Druck; erscheint Ende 1986).
Luther P., Mehnert H. (1974): Acta Biol. Med. Germ. **33**, 351.
Luther P., Prokop O., Köhler W. (1973): Z. Immun. Forsch. **146**, 29.
Luther P., Samtleben R., Sehrt J., Kramer H., Reutgen H. (1984): Bericht einer Auftragsforschung zur Prüfung immunologischer und biochemischer Eigenschaften des zur Tumorbekämpfung eingesetzten Präparates „Iscador". berlin, 25. 7. 1984.
Lutomski J. (1985): Die Bewertung einer hypertensiven Wirkung der Mistelpräparete des Kneipp-Heilmittelwerks. Institut für Heilpflanzenforschung (Poznan).
Mangenot G., Rebitte J., Rouchier A. (1948): C. R. Acad. Sci. (Paris) **227**, 439.
Mathé G., Schneider M., Amiel J. L., Cattan A., Schwarzenberg L., Berno M. (1983): Rev. Fr. Etudes Clin. Biol. **8**, 1017.

Müller J. A. (1932): Arch. Pharm. **270**, 449.

Müller J. (1962): Verfahren zur gewinnung eines Arzneimittels. Deutsches Patentamt, Auslegeschrift 11 30 112 der Ciba AG, Basel.

Müller L. (1952): Morphologische und biochemische Untersuchungen an der Mistel, Viscum album L., Dissertation, Frankfurt/M.

Ihta N., Yagishita K. (1970): Agr. Biol. Chem. **23**, 900.

Olsnes S., Stirpe F., Sandvig K., Pihl A. (1982): J. Biol. Chem. 257, 13 263.

Pardoe G. I., Bird W. G., Uhlenbruck G., Sprenger I., Heggen M (1970): U. Immun Forsch **140**, 374.

Petricic J., Kologjera Z., Feil B., Seligmann O., Wagner H. (1985): Planta Med. im Druck.

Pischel W. (1973): Viscum album. In: Lehrbuch der Homöopathie. Leeser O., Hrsg. F. K. Haug Verlag, Heidelberg, pp. 458—468.

Ribereau-Gayon G., Jung M. L., Beck J. B., Baudino S., Salle G. (1984): Abstract of Poster. Ist European conference on advances in antitumor agents, Milano.

Riehl G. (1900): Dtsch. Med. Wochenschr. **26**, 653.

Sälägenu N., Galan-Fabian d. (1961): Fiziol. Rast. **8**, 547.

Sakurai A., Okumura Y. (1971): Reports Fac. Sci. Shizuota Univ. **6**, 63.

Sallé G. (1983): Germination and establishment of Viscum album L. In: The biology of Mistletoes, Calder M., Berhard P. eds. Academic Press, Sydney u.a. pp. 145—159.

Sallé G. (1975): Rev. Cyt. Biol. veget. **38**, 1.

Sallé G. (1980): Planta Med. **38**, 43.

Salzer G. (1981): Z. Allg. Med. **57**, 323 (1981).

Salzer G., Havelec L (1978): Onkologie **1**, 264.

Salzer G., Müller H. (1978): Praxis Pneumol. **32**, 721.

Samtleben R., Kiefer M., Luther P. (1984): 16th FEBS-Meeting, Moskau.

Samuelsson G. (1973): Syst. Zool. **22**, 566.

Samuelsson G., Borsul L., Jayawardene A. J., Falk L., Ziemilis S., Nilsson Ö. (1981): Acta Pharm. Suec. **18**, 179.

Schröder G. (1982): Einfluß eines Extraktes aus Viscum album L. auf Induktion, Wachstum, DNS- und Histongehalt von Crown-Gall-Tumoren. Dissertation, Fakultät II — Biologie, Universität Hohenheim.

Schulze E. D., Turner N. C. Glatzel G. (1984): Plant, Gell and Environment **7**, 293.

Taguchi M., Sakurai A., Akumara Y. (1973): reports Fac. Sci. Shizuola Univ. **8**, 31.

Uhlenbruck G. (1981): Naturwissenschaften **68**, 606.

Ulrich W., Mechelke F. (1980): Arzneim. Forsch. **30**, 1722.

Vester F. (1970): Umschau **70**, 17.

Vogel H. H., Scheuerle H. L. (1985): In: Die Mistel in der Krebsbehandlung. Wolff O., Hrsg. Vittorio Klostermann, Frankfurt p. 159.

Wagner H., Feil B., Bladt S. (1984): Dtsch. Apoth. Ztg. **124**, 1429.

Weber H. (1986): Persönliche Mitteilung.

Wichtl M. (1984): Mistelkraut, Visci herba, Herba Visci. In: Teedrogen. Wiss. Verlagsges., Stuttgart, Wichtl M. Hrsg., p. 235.

Winterfeld K. (1942): Pharmaz. Ind. **9**, 37.

Winterfeld K., Bijl L. H. (1948): Liebigs Ann. Chem. **561**, 107.

Winterfeld K., Dörle E. (1942): Arch. Pharm. **280**, 23.

Winterfeld K., Kronenthaler A. (1942): Arch. Pharm. **280**, 103.

Rameau-Fleuri

Attaches multiples des rameaux formant une truffe

Départ d'une jeune pousse. - sur le tronc

Lavierte Federzeichnung für Vasendekor der Fa. Daum Frères, Nancy, von Henri Bergé, Nancy, nach 1900

„Der Winter", Gobelin, England, Ende 18. Jahrhundert, 80 x 58 cm

Vase, Porzellan mit Christrosendekor, Kgl. Kopenhagen, Silbermontur mit Misteln von A. Michelsen, Kopenhagen, 1910

Vasenpaar, Mattglas mit Emailmalerei, Lothringen (St. Louis?), um 1900, 20 cm

Hängelampe, Schmiedeeisen, Lothringen, um 1900, H 30 cm

Vasen, Glas mit Golddekor, Mont-Joye & Cie., St. Denis, um 1900, 33 cm und 28 cm

Vase, Glas mit Metallreif, Böhmen, Paris, 1900, 12,5 cm

Flakon, Glas mit Silberdekor, Böhmen, um 1900, 10 cm

Leuchterpaar, Silber, Wilkens & Söhne, Bremen, 1905; Obstschale, Silber, Ed. Wollenweber, München, um 1900, 58 cm

Bonbonnière, Eisglas, bemalt, Frankreich, um 1900, 13,5 cm

Kauz, Porzellan mit Glasmalerei, Entw. Fritz Klee, Ausf. Lorenz Hutschenreuther, Selb, 1918—1926, 18 cm

Schmuck, Silber, Glasperlen; Kette, Paris; Anhänger, Frankreich; Knöpfe, Birmingham; Brosche, Charles Horner, Chester; um 1900

Kette, Anhänger, Broschen, Gold, Perlen, Frankreich, um 1900

Likörflakon, Glas, rauh geätzt, mit Gold- und Emailmalerei, Silbermontierung (teils vergoldet), Daum Frères, Nancy, 1892, 15 cm

Vase, Glas, rauh geätzt, mit Gold- und Emailmalerei, Daum Frères, Nancy, um 1895, 25,5 cm

Schale, Glas, rauh geätzt, mit Gold- und Emailmalerei, Silbermontierung, Daum Frères, Nancy, um 1895, 5,4 cm

Schale, Glas, rauh geätzt, mit Gold- und Emailmalerei, Daum Frères, Nancy, um 1895, 6,7 cm

Becher, Glas, rauh geätzt, mit Gold- und Emailmalerei, Daum Frères, Nancy, um 1895, 5,1 cm

Vasenpaar, Eisglas mit Emaildekor, Lothringen, um 1900, 21 cm

Vase „Gui", Preßglas mit Satin-Finish, Blätter und Beeren poliert, Lalique, Frankreich, Werk-Nr. 948, 1921, 17,5 cm

Deckeldose, Pate-de-verre, H. Bergé und A. Walther, Nancy, nach 1919, H 6,4 cm

Bonbonnière, Rubinglas, lüstriert, Böhmen, um 1900, H 8,5 cm

Anhänger, Gold, Perlen und Email, Frankreich, um 1900

Knopf, Silber mit Emaileinlage, England, um 1900

Broschen, Gold, Silber, mit Brillanten und Perlen, England, um 1900

Milchkännchen und Zuckerschale, Porzellan, Copeland, England, Ende 19. Jahrhundert

Körbchen, Silber, Deutschland, um 1900, H 4 cm

Milchkännchen, Fayence, Entw. Ed. Lachenal, Paris, Ausf. Keller & Guérin, Lunéville, um 1895

Schale, Messing mit Kristallglaseinsatz, Frankreich, um 1900, H 20 cm

Zierteller, Porzellan (Hutschenreuther, Selb), Bemalung von Helga Sprecher, Hamburg, 1985

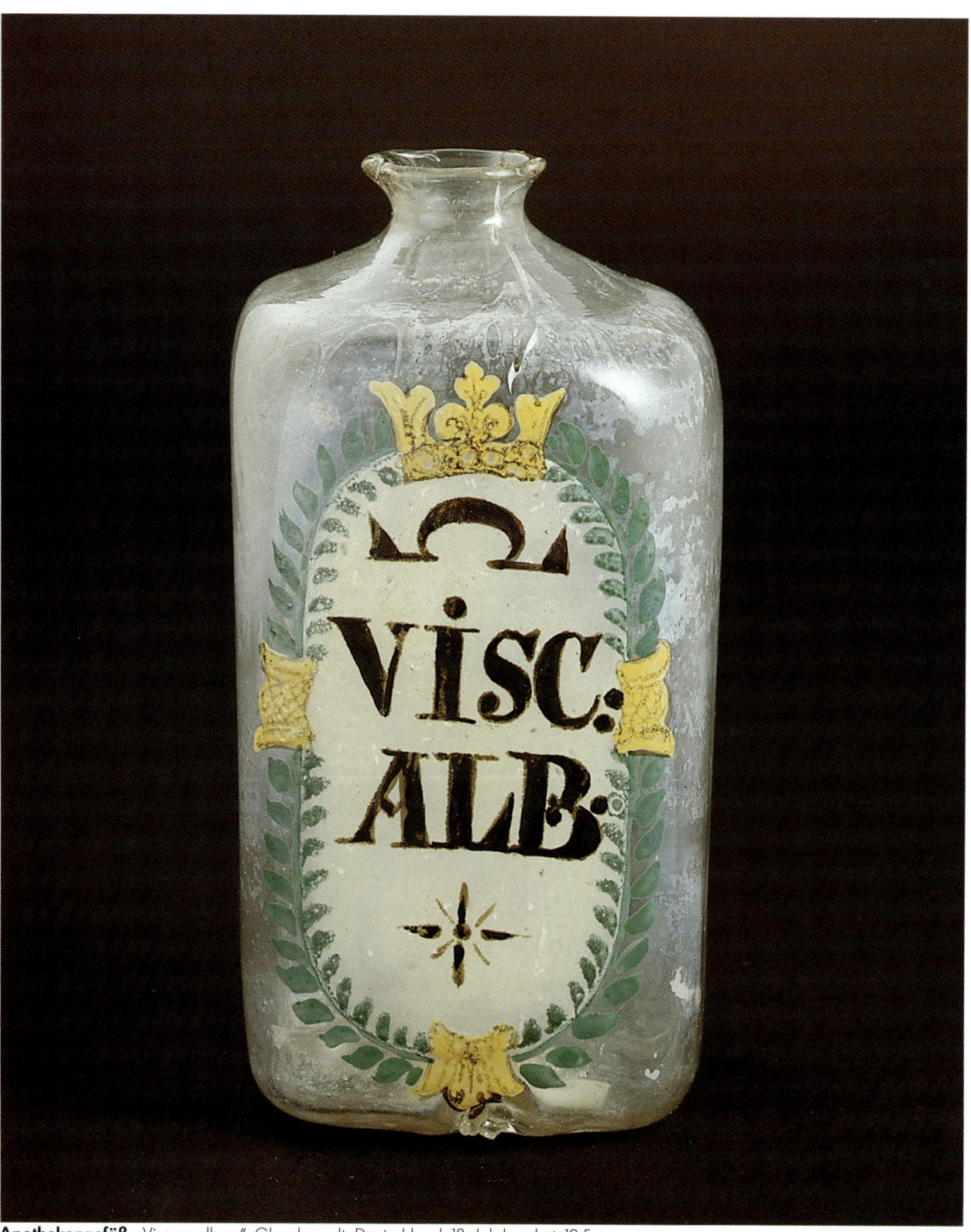

Apothekengefäß, „Viscum album", Glas, bemalt, Deutschland, 18. Jahrhundert, 12,5 cm

Teil B

Mythos und Kunstmotiv im Jugendstil

Von Dr. Helga Schmoll
genannt Eisenwerth, München

I. Die Mistel im Mythos

Auffällig häufig begegnen wir Darstellungen der Mistel vor allem als Schmuckmotive im Kunsthandwerk des Jugendstils. Voraussetzung dafür war zweifellos die Neubelebung der mythischen und legendären Bedeutung dieser eigentümlichen Pflanze. Kernländer der Überlieferung von einer heilenden, bannenden, abwehrenden und glückbringenden Wirkung der Mistelgewächse sind die ehemals keltischen Siedlungsgebiete in Frankreich und auf den britischen Inseln, aber auch in Skandinavien, Deutschland und Österreich. Durch prähistorische Funde sind Misteln ab dem 5. Jahrhundert v. Chr. in Europa bis in den skandinavischen Bereich nachgewiesen [1]; sie finden sich aber auch in Bereichen aus der Antike. Doch nicht überall, wo die Mistel vorkommt, z.B. in Süditalien (Apulien) oder im Orient, verknüpft sich mit ihr eine mythische Dimension.

Die Mistelverehrung bei den Kelten

Die mittel- und nordeuropäischen Traditionen von der apotropäischen und glückverheißenden Kraft der Mistel beruhen auf zwei alten literarischen Quellen, einer römischen und einer nordischen. Die römische findet sich in der 37 Bücher umfassenden „Historia Naturalis" des Plinius [2], die nordische in verschiedenen Varianten der Edda. Gaius Plinius Sec. (Plinius der Ältere) 23/24 — 70 n. Chr., übermittelt einerseits Angaben über die Mistelpflanzen in seinen botanischen Schriften liber XVI, Kap. 93 und 94 (wobei er sich auf die naturwissenschaftlichen Texte des griechischen Philosophen und Aristoteles-Schülers Theophrast, etwa 372 — 287 v. Chr., stützt), andererseits in liber XVI, Kap. 95, die wichtigsten Nachrichten über den Mistelkult im keltischen Gallien [3]: „Nicht zu vergessen ist hierbei die hohe Mistelverehrung bei den Galliern. Nichts haben die Druiden — so nennen sie ihre Priester —, was ihnen heiliger wäre als die Mistel und der Baum, auf dem sie wächst, zumal wenn es eine Wintereiche ist. Schon an sich suchen sie Haine von Wintereichen auf, und sie verrichten keine heilige Handlung (Opfer), ohne deren Blätter, so daß man meinen könnte, ihr Name käme aus dem Griechischen (Drys, die Eiche). Wenigstens betrachten sie alles, was auf dieser wächst, als Himmelsgabe und als Zeichen, daß dieser Baum von dem Gott selbst auserwählt sei. Man findet die Mistel aber nur sehr selten auf ihr, und wenn man sie findet, wird sie mit großer Feierlichkeit geholt und vor allem am 6. Tage nach Neumond, welcher bei ihnen den Anfang der Monate und Jahre angibt und auch einen Zeitabschnitt von 30 Jahren, weil der Mond schon kräftig genug sei und doch noch nicht die Hälfte seiner Größe erreicht habe. Sie heißen in ihrer Sprache die Mistel die „alles heilende". Nachdem sie unter dem Baume die gehörigen Opfer und Mahlzeiten veranstaltet haben, führen sie zwei weiße Stiere herbei, deren Hörner dann zunächst bekränzt werden. Der Priester, mit weißem Kleide angetan, besteigt den Baum, schneidet mit goldener Sichel die Mistel ab. In einem weißen Mantel wird sie aufgefangen. Dann schlachten sie die Opfertiere mit dem Gebet, die Gottheit möge ihre Gabe de-

Abb. 1: Zeremonie des Misteleinholens, Gemälde von Henri Paul Motte, Paris, 1901

tonischen Zentren [5]. Vor allem in Frankreich ist seit der Romantik und der in ihrer Folge beginnenden Frühgeschichtswissenschaft das Bewußtsein von den keltischen Vorfahren und ihren Bräuchen und Kulthandlungen ständig gewachsen. Ähnlich wie in Deutschland der Germanenkult seit dem 19. Jahrhundert, rechnet die Verehrung der Kelten und Gallier in Frankreich zu den Identifikationsmythen der Nation. Um 1900, zur Zeit des „Art Nouveau" (der französischen Variante des Jugendstils), erlebte diese Strömung eine neue Blüte. Eine Darstellung wie das auf dem 1901 im Pariser Salon (der offiziellen zentralen französischen Jahreskunstausstellung) gezeigte Gemälde von Henri Paul Motte [6] „La cueille du Gui" (Das Pflücken der Mistel) bietet ein charakteristisches Beispiel (Abb. 1). Der Maler zeigt einen heiligen Eichen-Hain, in dem weißgewandete Druidenpriester die feierliche Handlung der Einholung eines Mistelbusches vollziehen. Am Stamm der mächtigen Eiche sind Gerüste in mehreren Geschossen errichtet, die mit Stricken befestigt sind und die man über Leitern erklimmt. Sie sind mit Teppichen geschmückt. Während Druiden den Baum umringen, ist ein Priester in Begleitung von drei Jungfrauen auf der obersten Plattform dabei, mit goldener Sichel einen Mistelbusch abzutrennen. Die Untenstehenden halten ihre geschürzten Gewänder und Tücher bereit, um die Mistelzweige aufzufangen, die, wie Plinius berichtet, bei den Kelten nur dann heilkräftig bleiben, wenn sie beim Sammeln nicht die Erde berühren. (Unter dem Baum befindet sich auch ein weißgekleideter Reiter auf einem Schimmel, ähnlich wie schon der Kupferstich in Keyslers Buch über die Kelten 1720 einen Schimmel neben der Opferhandlung der Druiden zeigt.)

Das Salonbild von 1901 entbehrt nicht einer gewissen Komik. Es illustriert nicht nur die Überlieferung von Plinius und anderen Schriften zum Druidenkult der Kelten, sondern auch die Vorstellung eines rational und ingenieurmäßig denkenden Malers, als habe er ein Bühnenbild mit „Baugerüsten" für die Schauspieler für eine Opernszene (à la Richard Wagner auf „keltisch") zu entwerfen.

Noch amüsanter ist die wenige Jahre später ausgeführte Postkartenserie des Pariser Ateliers H. Manuel, „Le culte du gui" betitelt (Abb. 2), mit den Schauspielerinnen Mlles Spindler und Robinne als Druidenpriesterinnen „frei nach Plinius". Die zwölf „lebenden Bilder" paraphrasieren Kulthandlungen der hübschen

nen günstig werden lassen, welche sie damit beschenkt haben. In den Trank getan, solle sie alle unfruchtbaren Tiere fruchtbar machen und ein Heilmittel gegen alle Gifte sein. So groß ist vielfach der fromme Glaube in unwichtigen Dingen."

Die letztgenannten Berichte Plinius d. Ä. über die Rolle der Mistel im Priesterkult der Druiden stellen die einzige antike Quelle zu diesem Thema dar und werden in neuerer Zeit — z. B. bereits 1720 in Johann Georg Keyslers Werk „Antiquitatis selectae septentrionalis et celticae etc.", mit Titelkupfer [4], immer wieder zitiert, variiert, ausgeschmückt, aber auch durch moderne Keltenforschung analysiert und vertieft, besonders in bre-

Abb. 2: Aus der zwölfteiligen französischen Postkartenserie „**Mistelkult**" mit Schauspielerinnen als Druidenpristerinnen

Mädchen in ihren weißen Priestergewändern mit Mistelbüschen an einer Altarattrappe vor gemaltem Landschaftsgrund mit Bäumen des heiligen Hains. Sie tragen feierlich Mistelbüsche heran, mal auf der Schulter, mal vor der Brust und schmücken die Stufen des Altars, auf dem ein Stierkopf postiert ist und, auf Bild Nr. 7, das Gestell eines Druidenfußes mit rauchender Opferschale sichtbar wird.[71]

Eine weitere kuriose Neujahrs-Glückwunschkarte (Abb. 3) betitelt „Le gui" und „Je souhaite qu'il vous porte bonheur", zeigt vier Druidenpriesterinnen (ihre weißen Gewänder sind nachträglich rosa, gelblich und grünlich koloriert). Im Hintergrund pflückt eine von ihnen Mistelzweige vom Baum, die zwei weitere mit einem weißen Tuch aufgefangen haben und die von der im Vordergrund Knienden bei der Opferstätte

geordnet werden. Alle vier betrachten mit wohlwollend glücklichem Lächeln die Zweige mit ihrem weißen Beerenschmuck.

Einen letzten trivialen Abglanz fassen wir in den beliebten französischen Comics von „Asterix der Gallier"[8]. In Band I, S. 4 ff. der deutschen Ausgabe schneidet ein ehrwürdiger Druide (getreu nach Plinius) am 6. Tag nach Vollmond von einer Eiche mit goldener Sichel Misteln und braut daraus Zaubertränke, die auf eine bestimmte Zeit übermenschliche Kräfte verleihen sollen (Abb. 152).

Das französische Journal „La hulotte" brachte seit 1980 eine Serie von Heften mit dem Titel „Le Gui" heraus (Boult-aux-Bois, 08240 Buzancy). Diese Hefte informieren zum Teil erstaunlich detailliert über die Mistel, auch an Hand von Landkarten, über ihre Verbreitung in Frankreich, vor allem auch über ihre verschiedenen Bezeichnungen in den Dialekten der französischen Départements. Das ganze wird für Schüler veranschaulicht durch Personifikation der Mistel als Pflanzenmännchen „Monsieur Viscoglut"[9] (Abb. 151). Dies alles gehört zum Nachleben von Plinius' Mistelkult-Bericht[10].

Abb. 3: Neujahrs-Glückwunschkarte (vier Druidenpriesterinnen an einer Opferstätte), Paris, 1900

Die Mistel in der germanischen Überlieferung
(die Baldursage der Edda)

Wie bei den Kelten, so kommt der Mistel auch bei den Germanen eine zentrale Bedeutung zu. Hier wird sie in der jüngeren Edda, im Gesang von den nordischen Göttern, in der Baldursage, zur tödlichen Waffe. Baldur, Sohn Odins und Friggs, der Gott des Lichtes, der Sonne und der Fruchtbarkeit, wird bei einem Waffenspiel der Asen durch eine List Lokis getötet. Frigg hatte — nach einem Traum Baldurs von seiner Tötung — allen Naturwesen den Eid abgenommen, dem schönen jugendlichen Gott Baldur nicht zu schaden. Loki, dem die Unverletzlichkeit Baldurs mißfiel, bringt in Erfahrung, daß nur eine einzige Pflanze, nämlich die Mistel, von Frigg nicht in den Eid einbezogen worden war, weil ihr diese zu schwach und zu jung erschien. Loki reißt einen Mistelzweig aus und mischt einen daraus gefertigten Pfeil unter die Geschosse des blinden Hödur, mit dem dieser auf Lokis Anweisung, in Baldurs Richtung zielt und den sonst unverwundbaren Bruder tötet. Da sich die Asen an einer Friedensstätte befinden, üben sie zunächst keine Rache und bestatten Baldur auf seinem Schiff.

Durch Lokis Tat wird der Untergang alles Guten und Gerechten auf der Welt besiegelt und die Götterdämmerung eingeleitet.

Dieser sogenannte „Fluch der Mistel", ihre unheilvolle Rolle, die sie beim Tode des Gottes Baldur spielt, ist vielschichtig deutbar und wurde bis heute auf mannigfaltige Weise interpretiert[11].

Aus einem Gesang der Edda, der Völuspà („Der Seherin Gesicht"), die eine umfassende Kosmologie erzählt, erfahren wir zusammenfassend vom Tode Baldurs, seiner Bestattung auf dem Todesschiff, dem Ritt um seinetwillen zur Hel und auch von seiner Wiederkehr, die die Asen nicht mehr erleben werden. In der jüngeren Edda fehlt dieser Schluß. Erst am Ende der Zeiten, wenn die Götter im Kampf den Riesen unterlegen sind, die Sonne erloschen und die Erde ins Meer gesunken ist, dann wird mit einem n e u e n Göttergeschlecht auch Baldur wieder in die neu erstandene Welt einziehen, auf der alles Übel zu Ende ist und die Äcker unbesät Früchte tragen...

Man sah hier in naturmythologischer Betrachtungsweise den Gegensatz von Hell und Dunkel (Dualismus)[12], aber auch Überlagerungen durch christlichen Einfluß in Baldurs Wiederkehr („Auferstehung")[13]. „Das Töten mit dem Mistel-Pfeil" gilt auch als sogenanntes Wandermotiv. Man vermutet außergermanischen Ursprung, da die Mistel in Island und im nördlichen Skandinavien nicht heimisch ist.[14] So wurde darauf hingewiesen, daß Ähnlichkeiten mit der Beowulfsage (in der auch ein jüngerer Bruder den älteren mit einem Pfeil tötet) und mit dem Hildebrandlied bestünden.[15] Zum Topos des Brudermords (vgl. auch die verwandten Motive bei Kain und Abel, Romulus und Remus usw.) ist noch zu bemerken, daß hier eine besondere Problematik erscheint: Will der Vater den Brudermord rächen, müßte er seinen einzigen überlebenden Sohn töten, womit die Familie erlöschen würde. So ist z. B. die im Beowulf geäußerte Klage der unterbliebe-

nen Rache zu verstehen und die Unmöglichkeit, „Buße" zu üben, die dann in christlicher Zeit die Rache ersetzt.

Aage Kabell bezweifelt 1965 in seiner Studie „Balder und die Mistel" (siehe Anm. 13) überhaupt, daß das Wort „mistilteinn" der Edda mit „Mistelzweig" identisch sei. Als ahd. mistil, mhd. mistel, galt bisher — wie es in der „Völuspà" heißt

„stöd umraxim völlom haeri
mior ok miök fagur mistilteinn".

„Auf hohem Stamm
stand gewachsen
der Zweig der Mistel
zart und schön"[16] —

„der hoch über das Feld hinaus gewachsene zarte, schöne Mistelstab"; mit „teinn" wird bei Jacob Grimm[17] der „aufgeschossene Ast", gotisch „tains" bezeichnet, wobei der eddische „mistilteinn" durch das englische „mistletoe" bestätigt scheint. A. Kabell[18] zitiert J. G. Frazers „Baldur the Beautiful" (1913) und das „Handwörterbuch des deutschen Aberglaubens" (1934/35, Bd. VII), um aufzuzeigen, daß „die Mistel nirgendwo ein Mittel der Tücke, sondern überall ein Zeichen des Heils und des Gedeihens" gewesen ist, wie Plinius d. Ä. berichtet. Er führt weiter aus, daß das Wort „mistilteinn" statt als Mistelzweig als Schwertname zu verstehen sei, als „Zweig des Heils" in übertragener Bedeutung. Er nennt hierzu im Vergleich die Schwertnamen „laevateinn", „bifteinn", „eggteinn", „mordteinn" u. a.[19] Schon G. Neckel[20] hatte erwähnt, daß ein isländischer Sagenerzähler des 12. Jahrhunderts von einem Schwert namens „Mistilteinn" spricht.

Verfolgt man die neuere Literatur über Existenz und Bedeutung der Mistel in der Baldursage der Edda („Völuspà"), sieht man sich einer verwirrenden Vielfalt von Auslegungen und sogar völligen Infragestellungen gegenüber. Es bleibt dagegen festzuhalten, daß unabhängig von allen gelehrten Diskussionen der altgermanischen Philologie und der Mythenforschung, jene wörtlich verstandene Anwendung des Mistelzweigs als Tötungsinstrument in der Baldursage in der lebendigen Überlieferung gewirkt hat[21].

Im 19. und frühen 20. Jahrhundert hatte man die kritischen Stimmen noch nicht vernommen und der Mistelzweig galt unangefochten einerseits als die den Gott

Baldur tötende Waffe, andererseits als auch im nordischen Bereich heilbringende Wunderpflanze [22].

Noch vor den Äußerungen der „positivistischen" Wissenschaftler wie K. v. Tubeuf, G. Neckel und ihren Nachfolgern wie A. Kabell u. a. hat sich Rudolf Steiner (1861—1925), der Begründer der Anthroposophie, mehrfach und grundlegend zum Baldurmythos und zur Bedeutung der Mistel geäußert [23]. Bei der Baldur-Sage wies R. Steiner darauf hin (Vorträge vom 24. IV. 1906 und 16. XII. 1916), daß Hödr die gegenüber der geistigen Welt blindgewordene Macht personifiziere, die den Lichtgott Balder zu töten vermochte. In der „Götterdämmerung" erlischt die alte Seherkraft, die „Hellsichtigkeit", um danach zu einer neuen, höheren Bewußtseinsentwicklung zu führen, zu einer anderen Bewußtseinsstufe.

Sieht man die Dinge in diesem Licht, ergibt sich eine Verbindung zwischen der von Plinius d. Ä. referierten keltischen Anschauung von der Mistel als „omnia sanatem", d. h. als „Allesheilender", und der in der Edda auch „Zweig des Heils" genannten Mistel. R. Steiner erkannte in ihr schon 1908 ff. das zukünftige medizinische Heilmittel, vor allem gegen Tumore und Krebs [24]. Nach seinen Impulsen arbeiten seit Jahrzehnten vor allem anthroposophische, aber auch andere Forschungslaboratorien an der Erforschung von Mistelpräparaten für die Krebstherapie. Eine Zusammenstellung der wichtigsten Literatur zu diesem Thema bietet die französische medizinische Dissertation der Universität Brest (Bretagne) von J. H. Gueguen „Le Gui" (Die Mistel) von 1984 (siehe Anm. 5). Schon 1908 untersuchte eine Pariser medizinische Doktor-Dissertation von E. Vachez therapeutische Anwendungen der Mistel [25].

Das Nachleben des Mistelmythos

Der bretonischen Doktorarbeit von Gueguen ist als Motto das Wort von J. Constantin vorangestellt: „Tout dans l'histoire du gui est matière à surprise". (Alles beim Phänomen Mistel ist ein überraschender Stoff.) Der Verfasser geht auch ausführlich auf die Überlieferungen von Plinius und der Edda ein, auf Vergils Aeneis [26] sowie auf das — besonders in der Bretagne — noch lebendige Brauchtum um diese „Zauberpflanze". Er versucht ebenfalls Gemeinsamkeiten oder Parallelen zwischen keltischer und nordischer Mythologie zu sehen und setzt sich ausdrücklich mit dem kosmologischen Aspekt aus anthroposophischer Sicht auseinander. Gueguen verweist dabei u. a. auf diesbezügliche, hier bereits oben erwähnte Vorträge und Schriften Rudolf Steiners, aus denen hervorgeht, daß die Besonderheit der Mistel darin liege, daß sie noch aus einer Zeit der Erdentwicklung stamme, als Erde und Mond — der durch Aussonderung aus der Erdkugel hervorging — noch miteinander verbunden waren. Die Mistel besitzt daher noch — wie die Tierwelt — einen Astralleib; sie entwickelte sich nicht wie die Pflanzen auf der Erde und kann daher ihre Wurzeln nicht in den Boden der Erde, in das terrestrische Mineralreich senken, sondern bedarf (als Halb-Parasit) der Wirtspflanze als Vermittler, um zu gedeihen. Die Mistel verbleibt also nach R. Steiner innerhalb der Lebensbedingungen des „Alten Mondes" [27]. Auf ihre botanischen Besonderheiten wird durch H. Becker an anderer Stelle dieser Publikation näher eingegangen. Hier seien daher nur die Hauptcharakteristika angedeutet, die in den Legenden, in der Kunst und im Brauchtum eine Rolle spielen: da ihre Blätter nicht welken, gilt sie als „Immer- oder Wintergrün"; im Gegensatz zu anderen Pflanzen bekommt sie ihre Früchte, die perlenhaften Beeren, statt im Sommer erst zur Winterszeit (Viscum album sogar erst im März); sie wächst anders als alle „normalen" Pflanzen nicht mit den Wurzeln in Richtung auf den Erdmittelpunkt, bezeugt also keinen „Geotropismus", ja überhaupt keine spezifische Raumausrichtung. Sie kann sich nach allen Seiten entfalten und erscheint in ihren schönsten Ausformungen bei idealen Standortbedingungen als kugelförmiger Busch an hochtragenden Ästen des Wirtsbaumes. Auch die bei anderen Pflanzen bevorzugte Wachstumsrichtung zum Sonnenlicht (Heliotropismus) ist bei der Mistel nicht zu beobachten. Im Vergleich zu anderen Pflanzen besteht bei ihren Blättern auch kein Unterschied zwischen der Ober- und der Unterseite. Deren geriffelte Struktur bildet keine Blattrippen, nur Nerven. Die Blätter der Mistel (Viscum album) sitzen paarweise (oder — seltener — zu dritt) an den Gabelungen ihrer Zweige.

In alter Zeit glaubte man, die Mistel fiele vom Himmel. Da die Eichen den Kelten und Germanen als heilige Bäume galten, wurde eine Mistel auf einem Eichbaum — wo sie seltener vorkommt als auf Pappeln, Tannen, Obst- oder anderen -Bäumen — als besonders heilkräftig angesehen. Da man Eichengottheiten verehrte, sah man in den Eichenmisteln s i c h t b a r e Zeichen der Anwesenheit göttlicher Wesen [28]. Nach Plinius kam der Mistel schon bei den keltischen Druiden besonders große Bedeutung als Fruchtbarkeitssymbol zu. Die geheimnisvollen, ihr innewohnenden Kräfte zu entdecken, blieb — wie erwähnt — in früheren Zeiten den Druidenpriestern vorbehalten. Ihre alte Namensform „dru-wid-es" wird im Französischen mit „très savants, voyants" von der Bedeutung „Weiser", „Zukunftsschauender" übersetzt.[29] Nach A. Savoret [30] bedeutet auch die französische Bezeichnung „gui" für Mistel „herbe de science", „sapience", d. h. „Pflanze der Weisheit". Durch die Mythen wurde das Wissen um die Mistel und um die Vorgänge beim Druidenkult vor allem in Frankreich, speziell in der Bretagne, aber auch im englischen Wales, lebendig gehalten.

J. H. Gueguon führt in seiner Schrift über „Le Gui" weiter aus, daß „Johanni" (24. Juni) vor allem in Schweden zu den bevorzugten Tagen des Misteleinholens gehörte, wenn Sonne und Mond auf ihrem höchsten Stand sind, und daß sich darin noch das zentrale Ereignis des Baldurmythos in einem germanischen Land widerspiegele.

Nach Plinius d. Ä. sahen die antiken Kelten drei Zeiten im Jahreslauf als besonders günstig für das Einholen der Mistel an: 1. den sechsten Tag nach Vollmond zu Jahresbeginn, also nach der Wintersonnenwende; 2. den Vollmond im März, das ist die Zeit der Tag- und Nachtgleiche, — auch trägt die Weiße Mistel (Viscum album) im März ihre reifen Beeren; 3. den Vorabend von Johanni, also am sechsten Mond (Monat) nach der Wintersonnenwende.

Das Mistelpflücken wurde in der Bretagne, dem Kernland der Druiden, in dem es noch heute eine aktive Druidenbruderschaft gibt, mit dem Ruf „O Ghel an Heu" begleitet („die Mistel, und allgemein die Ernte — auch das Korns (blé) — werde gut!). Dieser noch im Mittelalter geläufige Brauch lebt weiter in dem französischen Neujahrsgruß „au gui l'an neuf" (bretonisch „Eghi-en-eit"). Vor allem im Département Finistère in der Bretagne, aber auch in der Gascogne, in der Provence und an der Loire war im 19. und frühen 20. Jahrhundert noch durch die „étrenneurs" (um kleine Gaben Bittende) das „Neujahrswünschen" mit der Mistel beliebt. Die Kinder versammelten sich einen Tag vor Weihnachten oder — je nach Gegend — am letzten Tag des alten Jahres, mit Stöcken über der Schulter, zogen von Ort zu Ort und klopften an die Türen. Auf die Frage „Wer da?" antworteten sie „Le hogilhannen", bzw. im jeweiligen Dialekt „aghinenen". Sie sangen ihren Vers und riefen dann dreimal „au guyané, au guy l'an neuf" („Eghinan-ett") [31].

In seiner Reisebeschreibung „Unter französischen Bauern" von 1886 (deutsche Gesamtausgabe, 4. Auflage 1917, S. 195) berichtet der schwedische Dichter August Strindberg im Kapitel „Bretagne", daß er keine Dolmen und Menhire besichtigen wollte, „dagegen sind wir nicht der druidischen Mistel entgangen, die an jeder Schenke hing". So lebendig war also damals noch der bretonische Brauch. Im Kapitel „Auvergne" (S. 215) stellt Strindberg dann lapidar fest: „Die keltische Mistel über der Tür der Schenke wird hier vom Wacholder abgelöst". (Für den Hinweis danke ich Frau Dr. Sigrid Metken, Paris/München.) In der Bretagne findet man noch immer Souvenir-Keramik mit Misteln, etwa kleine Vasenpaare als Eichenstämme mit borkiger Rinde, vor der ein Mistelzweig plastisch appliziert ist, darunter auf einem Etikett der Name des jeweiligen Ortes, das Ganze im Stil des verflachenden Art Nouveau.

II. Die Mistel im Brauchtum

Die mit der Mistel vielfach assoziierten geheimnisumwitterten Vorstellungen spiegeln sich in den sprechenden Beinamen, die ihr vielerorts in Europa gegeben wurden [32]. Im Altgriechischen hieß die Mistel ixós, im Lateinischen Viscum, in Italien visco, in Rumänien vĭsc, im Serbo-Kroatischen visk, auch im französischen Département Dauphiné visk. In Spanien trägt sie den Namen muerdago, in Rußland imela, in der CSSR jmeli, in Ungarn fehér fagyöngy; in Schweden Mistel, in Norwegen mistelein, in Dänemark mistelten, in England mistletoe, früher auch „Myteldene", im Gälischen uil'-ice (alles heilend). In verschiedenen französischen Provinzen, z. B. im Département Vienne, wird die Mistel auch ghé genannt, im Département Aube glu (Vogelleim), im Nièvre „herbe du serpent" (Schlangenkraut) oder „bouchon de sorcière" (Hexenbusch) und in den Vogesen „le nid d'hiver" (Winternest). In den Niederlanden, in Flandern und Mecklenburg spricht man von „marentakken" (Mahr = Alp, drückender Nachtgeist, tacke = Zweig, Ast), im Fränkischen auch von „Drudenest" (= Druiden-Nest), im Badischen von „Hexenbesen", im deutschsprachigen Bereich allgemein auch von „Winter- oder Immergrün". Die Mistel wurde in Tirol auch „Drudenfuß" genannt. Sie galt als magisches Zeichen keltischen Ursprungs, das böse Geister abwehren soll. Bei umgekehrter Stellung ist der sogenannte Drudenfuß (Fünfeck, Pentagramm) auch ein Symbol böser Mächte.

Man sieht in der Mistel — ähnlich anderen wintergrünen Gewächsen wie Lorbeer, Eibe, Wacholder, Tanne, Stechpalme, Efeu — einerseits das „immergrüne" pflanzliche Symbol des Kälte und Dunkelheit über-

dauernden Lebens, das glückbringende Zeichen, andererseits weisen Namensgebungen wie „Marentakken", „Hexenbesen" und „Drudenest" auch auf Böses hin, vor dem es sich zu schützen gilt. Die seit Urzeiten in der Mistel erahnten geheimnisvoll wirkenden guten Kräfte, ihre Tradition als Glücksbringer („porte-bonheur") überwiegen die ihr zugeschriebenen negativen Wirkungen jedoch bei weitem. Dafür spricht z. B. der früher in Siebenbürgen und in der französischen Schweiz beliebte Brauch, wonach in den Brautkranz ein Mistelzweiglein eingeflochten wurde, wie auch ein alter Spruch besagte, daß ein Mädchen bald Braut wird, wenn es eine Mistel auf einem Apfelbaum findet. In der Bretagne will es der Brauch, daß Verlobte unter den Mistelbusch, dem „bouquet du baiser", treten, damit ihrem Bund Glück, Dauer und Fruchtbarkeit beschieden sei.

In der Überlieferung spielte auch die Haselmistel eine besondere Rolle, der — ähnlich der Eichenmistel — eine größere Wirksamkeit zugeschrieben wurde. So hieß es in Ostpreußen, daß an dem Ort, wo eine Mistel auf einer Weiß-Hasel wächst, ein Schatz verborgen liege [33]. Im Rheinischen sagte man früher: „Mistelstruck, Hexestruck, we et hollt, fengk et Gold" und in der Gegend von Detmold: „Wo die Mistel wächst, dort blüht das Gold". „Le gui est la fleur qui ouvre tous" [34], die Mistel ist die Pflanze, die als Schlüssel alles zu öffnen vermag. Diese mystische Eigenschaft schrieb bereits der Lehrer von Thomas von Aquin, Albertus Magnus (um 1200—1280) in seiner Schrift „De Virtibus Herbarum" der Eichenmistel zu. In Tirol hat sich diese Anschauung, die Mistel könne den Zugang zu Verborgenem erschließen, lange gehalten, ohne daß man wußte, wie es dazu kam. Man darf dabei an die antiken Mythen erinnern, an Vergils „Aeneas", der mit einem „goldenen Zweig" — der als Mistel gedeutet wird — sich den Eintritt in die Unterwelt verschaffte.

Für die Mistel als Unglückszeichen finden sich in K. v. Tubeufs Mistel-Monographie (1923) folgende Beispiele: „In Hessen-Nassau, in der Leibholzer Gegend, herrscht der Aberglauben, daß eine aufgefundene Mistel der Todesbote für ein Mitglied der Familie des Baumbesitzers sei, das noch im selben Jahr sterben müsse"; und in Galizien heißt es, daß „ein Baum, der Mistel trägt, bei der Bevölkerung nicht zum Bauen verwendet wird, da die Meinung herrscht, daß der Blitz einschlagen könne" [35]. Mittelalterliche codici überliefern eine umgekehrte Version von der Mistel, nämlich als Schutz gegen Blitzeinschlag: „In welchem huse der aichmistel ist, da schat kain ungewitter im, noch schure noch plitz mag weder liten noch vich schaden, un mag kain betriechtnusse wonung hen, der oß by im trett." [36] In Ostpreußen, wo die Mistel im Volksmund auch „Unruh" genannt wurde, vermutete man, daß dort, wo sie auf Bäumen in der Nähe von Häusern vorkommt, Unruhe in die Familien, die dort wohnen, einziehen werde.

Weitere Beispiele, die die Mistel als Glücksbringer oder Unheilstifter schildern, finden sich im Handwörterbuch des Deutschen Aberglaubens [37].

Die Mistel als Heilmittel und Abwehrzauber in christlicher Zeit

In keinem Kräuterbuch des Mittelalters, des 17. und 18. Jahrhunderts fehlt die Mistel als „Allheilmittel". Bereits im 14. Jahrhundert wird sie erwähnt im codex 118 (Arzneibuch) Blatt 810 der Wiener Nationalbibliothek, im Rezept 32 [38]. Thomas von Wasserburg, ein Wundarzt und Apotheker des 15. Jahrhunderts, schreibt bereits ausführlich über die Mistel und folgendes über die Eichenmistel: „König David… sah „ein vip die sucht han. Do bat er den schöpffer aller creatur, das es im

kundt tet, was dor fur gut wer. Do sprach der engel: wer den viscus quercinus an der rechten hant tregt am sinen vinger an einem ring, also das der eichin mistel die ploß haut an rurt, den berurt der morbus caducus nymer mer" [39]. Dieser Passus der Mistelabhandlung gegen die Fallsucht (Epilepsie) findet sich auch in einer Schrift um 1500 eines Meisters Peter sowie in mehreren gleichzeitigen Handschriften, wie z. B. dem Codex 34 der Passauer Ordinariatsbibliothek (entstanden zwischen 1497 und 1501) in einem Inkunabel-Einblattdruckwerk um 1500 sowie bei Paracelsus (1493—1541) und anderen [40].

Im bekannten „Kräutterbuch weylandt des weitberühmten und hochehrbaren Hierymi Tragi Bock aus dem jahre 1551 [41] lesen wir in Kap. III u. a. über die Eichenmistel: „Etliche Emperici und Künstler halten, wann Eychenmistel, Hesele oder Byrbäum-Mistel die Erde nicht berühren, sollen sie gut sein für fallende Sucht, gepulvert und in Wein getruncken, machen derhalten palernoster darauss, etliche lassem sie in silber fassen und henckens unter anderem Geschmeid den jungen kindern an die Hälß". Hier erwähnt sei ferner das „Kreutterbuch des hochgelehrten Andreae Matthioli" (1500— 1577), Frankfurt am Main, 1563, Leibarzt Kaiser Ferdinands und dann Maximilians II., und das Kräuterbuch von Alexander Franciscus (1525—1587), in dem letzterer 1565 gegen die Irrtümer des Matthioli schrieb.

Seit dem 18. Jahrhundert weicht die kritiklose Übernahme älterer Anschauungen über die Mistel als Universalheilmittel kritischeren Betrachtungen. So betont Leonhard Friedrich Hornung in seiner Altdorfer Dissertation von 1706 (vgl. Anm. 33), daß es nicht genüge, „daß eine am Hals umgehängte Mistel oder eine anderswo den Körper berührende Mistel Epilepsie oder andere Leiden beseitigen könne". Eindeutiger wäre — nach Hornung — die antiepileptische Wirkung der peroral eingenommenen Mistel. Hier weicht bereits in wissenschaftlicher Sicht des rationalistischen Zeitalters die ältere Meinung von der Wirkung des „Berührungszaubers", dem wir auch im Reliquienkult begegnen. Im Volke hielt sich jedoch dieser Aberglaube noch bis zum Beginn unseres Jahrhunderts. So gab es bis zum Ersten Weltkrieg bei Isigny-le-Buat im Département Manche (Frankreich) eine sehr alte prächtige Eiche mit vielen Misteln, zu der vor allem epileptisch Erkrankte pilgerten, um Heilung zu suchen.

L. F. Hornung spricht 1706 auch von Rosenkränzen und Amuletten aus Mistelholz, die vor der Fallsucht bewahren sollten, was er jedoch ebenfalls als „Überschätzung" abtut.

Vielfach wird darüber berichtet, daß Amulette und Paternoster aus Mistelholz gefertigt und daher als besonders „heilkräftig" angesehen wurden. Nach K. v. Tubeuf (op. cit. S. 71) wurden schon im 15. Jahrhundert Mistelrosenkränze hergestellt. Einen bedeutenden Handel mit „Aichmistlin-Paternostern" hatte der Ulmer Kaufmann Ott Ruland, wie aus einem vorhandenen Handelsbuch der Jahre 1446—1462 hervorging. Sein Absatz erstreckte sich auf die am Rhein gelegenen Städte Basel, Straßburg, Speyer, Mainz, Frankfurt a. M., Köln sowie auf die an der Handelsstraße von Augsburg über Landsberg nach Regensburg, Braunau und Wien. K. v. Tubeuf bezweifelt, ob bei diesem regen Handel von Mistel-Rosenkränzen und -Amuletten im 15. Jahrhundert tatsächlich Mistelholz Verwendung fand. Seiner Meinung nach wurde „nur" das Holz von „Loranthus europaeus" (Europäische Riemenblume, auch Eichenmistel genannt) [42] verarbeitet. Doch ist unseres Erachtens die Materialfrage letztlich sekundär. Die Gläubigen erhofften sich damals eine stärkere Wirkung von der Ausführung solcher Rosenkränze und Amulette eben aus Mistelholz. Leider haben sich offenbar keine derartigen Objekte des religiösen Brauchtums aus Mistelholz erhalten oder es fand noch keine systematische Materialuntersuchung solcher Gegenstände statt. Vielleicht wurden tatsächlich kaum Rosenkränze aus Mistelholz angefertigt — man kennt hauptsächlich solche aus Obsthölzern, Buchsbaum usw. —, aber ein vielleicht üblicher „frommer Betrug" diente der eingewurzelten Überzeugung, daß nur die Mistel besondere Kräfte bewirke. Untergründig blieb diese Meinung durch die Jahrhunderte bestehen. Noch in der Zeit des Jugendstil-Symbolismus war sie lebendig, wenn auffällig viele Objekte aus ganz anderen Materialien (Gold, Silber, Bronze usw.) die Mistel als Motiv bieten und sie auf diese Weise auch wieder als Talisman beliebt war.

In der christlichen Mythologie wurde die Mistel auch als „lignum sanctae crucis" angesehen, als „Holz des Hl. Kreuzes" erwähnt, sei es formal wegen der gabeligen Verästelung ihrer Zweige im Vergleich mit dem sogenannten „Gabelkreuz" bei „Gabelkruzifixen" der Mystik, oder einer jüngeren Legende nach, wonach so-

Abb. 4: Mistel-Anhänger in Kreuzform, vergoldet, Frankreich, um 1900

gar das Kreuz Christi aus Mistelholz gefertigt gewesen sein soll, eine allerdings schwer vorstellbare Annahme [43]. Es wurden aber auch Brustkreuze im späten Mittelalter aus Mistelholz gefertigt. Schließlich nahm sich die Kirche des anscheinend schwer ausrottbaren volkstümlichen Wunderglaubens um die Mistel an und versuchte sie in das christliche Brauchtum zu integrieren. Ein weiterer Schritt auf diesem Wege läßt sich daran erkennen, daß die Mistel neben dem Christbaum und den Tannenzweigen als Weihnachtsschmuck bei uns geduldet wird und schließlich sogar in bestimmten Gegenden am Palmsonntag unter die Palmkätzchen gebunden und geweiht wird und weiterhin auch als Grabschmuck Verwendung findet [44].

Auch in Drygallen, im ehemaligen Ostpreußen, wurden noch vor dem Ersten Weltkrieg kleine Kreuze aus dem Holz der Mistel geschnitzt und als Amulette getragen. Dieser Vorstellung entsprechen vergoldete bronzene Kreuzanhänger (Abb. 4) des französischen Jugendstils, deren drei obere Kreuzenden je zwei Mistelblätter tragen und deren unterer Abschluß in der für die Mistel typischen Pfahlwurzel als Senker ausläuft. Solche Stücke sind rar und vielleicht nur für die Gegenden Frankreichs charakteristisch, die, wie die Bretagne, noch bewußt in der keltischen Tradition lebten, und daher eigentümliche Synthesen aus der Mistel mit den christlichen Symbolen bildeten.

In England dagegen wurde in nachmittelalterlicher Zeit bis ins späte 19. Jahrhundert die Mistel aus den Kirchen verbannt, weil sie als heidnisch-keltisches Zeichen galt. Hiervon gab es wohl nur eine Ausnahme und zwar in York Minster. Dort gehörte es zur alten weihnachtlichen Tradition, daß ein Priester am Hl. Abend einen Mistelzweig auf den Hochaltar legte [45].

Die Mistel als Glücksbringer an Weihnachten und Neujahr

Abb. 5: Englische Karikatur auf den Brauch zur Jahreswende, unter dem Mistelbusch Mädchen küssen zu dürfen.

In England und Frankreich kam der Mistel von jeher eine besondere Bedeutung in der Weihnachtszeit zu. Besonders in England spielte der Mistelbusch die Hauptrolle als Weihnachtsschmuck in den Wohnungen, bis Mitte des 19. Jahrhunderts in Windsor Castle durch Prinz Albert von Coburg der festländische Weihnachtsbaum eingeführt wurde. Er konnte auf den britischen Inseln die Mistel jedoch nicht verdrängen, weder die weitverbreitete weißbeerige (Viscum album), noch die in England recht beliebte, aber seltenere „Viscum cruciatum" mit roten Beeren.

Die Mistel wird meist an zentraler Stelle an der Decke des Wohnraums oder aber auch über einem Toreingang aufgehängt. Die englische Sitte, daß ein Mädchen, das man darunter antrifft, von jedem ohne Erlaubnis geküßt werden darf, ist hinlänglich bekannt. In England wird dieser Brauch auch Anlaß zu zahlreichen Scherzen und Karikaturen (Abb. 5). Man führt diesen Brauch, der wahrscheinlich aus Skandinavien eingeführt wurde, auch auf alte Hochzeitsmythen zurück. Der Küssende nimmt jedesmal eine Beere vom Mistelzweig, und wenn alle Beeren gepflückt sind, hört das Privileg auf. Mit Ende der zwölf heiligen Nächte, d. h. am 6. Januar, wird in England der Mistelbusch aus den Wohnungen wieder entfernt.

Wie in England, so ist die Mistel als Weihnachtsschmuck auch in Frankreich sehr viel älter als der Tannenzweig oder der Christbaum, dessen Vorkommen sich bei uns erst vereinzelt seit dem 16. bzw. seit dem 18. Jahrhundert nachweisen läßt und der sich dann im Verlauf des 19. Jahrhunderts allmählich durchzusetzen begann [46].

Zusammen mit den Tannenzweigen fällt auch die Mistel im Elsaß seit dem 16. Jahrhundert mancherorts

Abb. 6: **Vase,** Glas rauh geätzt mit Gold- und Emailmalerei, Daum Frères, Nancy, 1893, 29,5 cm

Abb. 7: **Anhänger,** Efeu und Mistel, Bronzeguß, Paris, um 1900

unter das hauptsächlich kirchliche Verbot, „dannwedel und Mispelzweig" zur Weihnachtszeit anzuheften (im alemannischen Sprachgebrauch wird die Mistel oft fälschlicherweise Mispel genannt). Wie vom Elsaß aus der Tannenbaum als geschmückter Christ- oder Lichterbaum zur Weihnachtszeit in Deutschland, Frankreich und England, ja in aller Welt seinen Einzug hielt, so läßt sich dies umgekehrt auch für die Mistel feststellen, die in jüngerer Zeit von Frankreich, England und Skandinavien aus nach Binnendeutschland, in andere europäische Länder und bis nach Amerika und Japan als Weihnachts- und Neujahrsschmuck vorgedrungen ist. Wie oben erwähnt, wurden am Oberrhein und im Elsaß neben Tannenreisern, den „weyhenacht meyen", auch Mistelzweige zur Weihnachtszeit in die Zimmer gestellt und aufgehängt. Letztere galten dort als „Unruhen", deren stete Bewegung feindliche Mächte verscheuchen sollte („Hexenbesen").

Nach Plinius galt die Mistel auch als Apotropäum, d. h. als Abwehrschutz gegen böse Geister. So fand sie sich auch in altgermanischen Siedlungsgebieten Norddeutschlands, um Lübeck und Hamburg, an Giebeln alter Bauernhöfe, in Haus und Stall, als sogenannter „Donner- oder Hexenbesen", wie sie im Volksmund bezeichnet wurde. Das Motiv des alten Abwehrzaubers[46] wirkt auch in den Weihnachtsbräuchen weiter fort, zusammen mit dem des „Glückbringens" der Mistel. Ähnlich wie noch heute in katholischen Gegenden zum Schutz von Haus und Stall, von Bewohnern und Tieren vor bösen Geistern, Blitz, Feuer und Krankheit an

Heilig-Drei-König C + M + B an Tür und Tor, oft nur mit Kreide geschrieben wird, wodurch man sich unter den besonderen Schutz der drei Heiligen Könige (= Magier) Caspar, Melchior und Balthasar stellt, wurde und wird auch der Mistelzweig angebracht.

Am längsten haben sich in Frankreich und England die Mistelbräuche in den Formulierungen der Neujahrsglückwünsche erhalten. Sie sind international bekannt: „no mistletoe, no luck" (ohne Mistel kein Glück) und entsprechend „pas de gui, pas de chance", vor allem aber das französische „Au gui l'an neuf", d. h. frei übersetzt: Mit der Mistel Glück im neuen Jahr!

Gerade dieser Spruch (Abb. 6) ziert häufig als Inschrift Gegenstände des Kunsthandwerks, aber auch Ansichts-Postkarten vom Ende des 19. Jahrhunderts bis heute.

Auf bildlichen Darstellungen kommt die Mistel an Weihnachten auch in Verbindung mit anderen immergrünen, symbolträchtigen Pflanzen vor, wie zusammen mit der Stechpalme, dem Efeu und der Christrose. Besonders auch zur Neujahrszeit waren solche Dekore auf Glückwunschkarten, Kalenderblättern, Tischdecken, Tellern, Bestecken und Schmuckstücken beliebt. Im englischen Bereich finden sich Mistelzweige mit weißen Beeren vielfach kombiniert mit der ebenfalls immergrünen Stechpalme (Holly) mit roten Beeren. Auch begegnen hier Verbindungen der Mistel mit dem immergrünen Efeu (Ivy) (Abb. 7), worauf der Vers anspielt,

den Kinder an Weihnachten im Oxfordshire, von Haus
zu Haus ziehend, singen:

> „Holly and ivy
> Mistletoe bough,
> give me an apple
> and I'll go now!"

Dieser Brauch entspricht dem der „étrenneurs" in Frankreich.

Beliebt ist auch die Darstellung von Mistelzweigen
zusammen mit der Christrose in der Weihnachtszeit,
hauptsächlich auf Postkarten um 1900 in England, aber
auch im Kunsthandwerk Skandinaviens. Die echte
Christrose (Helleboris niger, schwarze Nieswurz genannt), lebt — wie die Mistel — ebenfalls im Gegen-
rhythmus zur Jahreszeit. Im Unterschied zur Mistel, die
sozusagen im „luftigen" Bereich angesiedelt ist, gilt die
Christrose als stark erdgebundene Pflanze. Im Sommer,
wenn andere Blumen blühen, hat sie nur grüne Blätter.
Bei Eis und Schnee, „mitten im kalten Winter", entfaltet
sie ihre fünfstrahlige, rundgebogene Blüte (Farbtafel 3).
So trägt sie Wachstumskräfte hinüber ins kommende
Frühjahr. Die Blüten verwelken nicht, das Schneeweiß
geht vielmehr in ein Rötlich-Violett und schließlich in ein
Grün über, d. h. die Blüte lebt als Blatt weiter. Dadurch
wurde sie — wie die Mistel (die in England seit der Mitte
des 19. Jahrhunderts als „flower of december" bezeichnet wird [48]) — zum Symbol des überdauernden Lebens,
ähnlich den anderen „immergrünen" Gewächsen, die
gleichfalls als lebensbewahrende Naturzeichen in
Volkskunst und Brauchtum Beachtung finden.

Die Mistel in der Dichtung

Da die Mistel im Brauchtum vor allem Englands fest
verwurzelt ist, wundert es nicht, daß sie dort in der Dichtung immer wieder erwähnt wird. Früh läßt sich in den
Gedichten von Robert Herrick (1591—1674) die Mistel
nachweisen. In „The Noble Numbers" von 1648 findet
sich folgender Vers:

> „Lord, I am like the mistletoe
> Which has no root and cannot grow
> Or prosper but by that same tree
> It clings about: so I by thee."

Sehr populär war Sir Walter Scotts (1771—1832)
Versdichtung „Marmion" (1806/07) mit der Beschreibung eines Weihnachtsfestes:

> „On Christmas eve the bells were rung;
> On Christmas eve the mass was sung;
> That only night in all the year,
> Saw the stoled priest the chalice rear.
> The damsel donned her kirtle sheen;
> The hall was dressed with holly green;
> Forth to the wood did merry-men go,
> To gather in the mistletoe.
> Than opened wide the baron's hall
> To vassel, tenant, serf, and all."

Dieses Gedicht inspirierte den Maler Sir William
Allan (1782—1850) zu seinem „Weihnachtsbild"
(Abb. 8), das fälschlicherweise unter dem Titel „Penny
Wedding" 1954 aus Kunsthandel in die Aberdeen Art
Gallery gelangte und dort kürzlich als Darstellung
einer traditionellen Familien-Weihnachtsfeier wie sie
Allans Freund Sir Walter Scott im 6. Gesang von „Marmion" schilderte — identifiziert wurde [49]. Die falsche Bezeichnung „Penny Wedding" für Allans Gemälde — auf
dem der in der Mitte des großen Wohnraums an der
Decke aufgehängte Mistelbusch, die Stechpalmen
und der ungerupfte Truthahn übersehen wurden —
mag sich vor allem aus der engen kompositorischen
Anlehnung Allans an Sir William Wilkies Gemälde
„Penny Wedding" von 1818 erklären. Allan zählte zu
den großen Bewunderern und Freunden Sir Wilkies,
dessen Nachfolger als Porträtmaler der Queen er später in Schottland wurde. Auf dem Weihnachtsbild Sir
Allans wird außerdem eine fast „ausgelassene" Stim-
mung festgehalten, im Sinne von „feast and play"
(schmausen und feiern), eine der puritanischen Auffas-
sung der englischen Kirche von „fast and pray" (fasten
und beten) entgegengesetzte, sich vor allem im 19.
Jahrhundert in Schottland wieder durchsetzende Art
und Weise, Weihnachten (Yul) fröhlich im Familienkrei-
se zu feiern.

Der Mistelbusch wird auch in einer der populärsten
englischen Balladen aus den dreißiger Jahren des 19.
Jahrhunderts von Thomas Haynes Bayly (1797—1839)
besungen: „The Mistletoe bough" (gedruckt 1844) mit
dem Refrain:

> „The mistletoe hung in the castle hall,
> the holly-bush shone on the old oak wall".

Abb. 8: Weihnachtsbild (fälschlich „Penny Wedding"), Sir William Allan, um 1830

Abb. 9: Charles Dickens, ein Weihnachtslied. Holzstich von John Leech aus der Erstausgabe (1843)

Auch in dem spätromantischen Gedicht auf den Tod von König Arthus „Morte d'Arthus", 1842, von Sir Alfred Tennyson (1809—1892) gehört der Mistelbusch zu den Requisiten des legendären Weihnachtsfestes:

„At Francis Allen's on the Christmas Eve —
The game of forfeits dona — the girls all kiss'd
Beaneath the sacred bush and past away…"

In die britische Gegenwart des 19. Jahrhunderts führen die Romane von Charles Dickens (1812—1870). Sowohl in den „Pickwick papers" 1836/37 als auch in seinem „Weihnachtslied in Prosa" (Abb. 9) von 1843 begegnet der weihnachtliche Mistelbusch. In der 1. Ausgabe des „Weihnachtslieds" zeigen ihn sogar die Holzstich-Illustrationen von John Leech. Auch hier hängt ein großer Busch in der Mitte des Zimmers von der Decke.

Wie in England, so begegnet auch in der deutschen Dichtung die Mistel, so bei Christoph Martin Wieland (1733—1813) in dessen Versroman „Der neue Amadis" von 1771 — hier ist die Rede vom „Orakel der Eichenmistel" —, und später bei Nikolaus Lenau (1802—1850) sowie bei Heinrich Heine (1797—1856) — „lächelnd nahm sie eine Mistelgerte und berührt damit mein Haupt… (mich zu verwandeln)" — und Annette von Droste-Hülshoff (1797—1848), die in einem Gedicht fragt:

„Wie kann der alte Apfelbaum
so lockre Früchte tragen,
Wo Mistelbusch und Moses Flaum
aus jeder Ritze ragen?"

(Erstausgabe der Gedichte von 1844, Nr. 168.) Ferdinand Freiligrath (1810—1876), der als Emigrant ab 1846 in London lebte, schildert das englische Weihnachtsfest in dem Gedicht:

Holly ho — Mistletoe!
„Wir sitzen gedrängt um den trauten Kamin,
Es knattern die Brände, die Kohlen glühn.
Mit der Festzeit Laub ist das Haus bekränzt,
Die Tanne duftet, die Stechpalme glänzt,
Und vom Balkenknauf, weißbeerig sie,
Lauscht die Mistel nieder, die Schelmin, die!"

Auch in Victor von Scheffels (1826—1886) historischem Roman „Ekkehard" von 1855 spielt die Mistel eine Rolle.

Abb. 10: Zeichnung, Adolf von Menzel, zum 70. Geburtstag von Theodor Fontane, 1885

Den romantisch „frühgeschichtlichen Aspekt" faßte in der deutschen Literatur der Arzt, Politiker und Dichter Friedrich Wilhelm Weber (1813—1894) in seinem historischen Versroman „Dreizehnlinden" von 1878, der bis zum Ersten Weltkrieg 150 Auflagen erlebte. Diese Versdichtung schildert die Bekehrung der Niedersachsen zum Christentum und zählte zur Identifikationsliteratur der deutschen Nation im Bismarckreich. Darin findet sich die Darstellung „Am Opfersteine":

… „Und mit Donars Hammerzeichen
spendend Kraft und Heil dem Sude
das Gesicht zum Bord gewendet
Traurig ernst begann die Drude:

… ‚Balders Sterbetag zu feiern
sind wir an den Stein gekommen,
Seit ihn schlug sein blinder Bruder,
Ist des Tages Glanz verblichen,
Götterfriede, Menschenfriede
aus der dunklen Welt gewichen.'

… Rings bewohnt von stillen Menschen,
die mit Morgentau sich nähren.
Dann, so spricht die weise Wala,
Dann wird Baldur wiederkehren…
Und der krause Opferdiener
aus des Kessels weitem Bauche
Gab er jedem von dem Fleische,
Von der Mistel, von dem Lauche."

Eines der frühen Zeugnisse künstlerischer Misteldar-
stellung in der deutschen Kunst stammt von Adolph von
Menzel (Abb. 10) und hat einen besonderen Bezug auf
den Dichter Theodor Fontane. Fontane hatte zu Men-
zels 70. Geburtstag 1885 ein Gedicht verfaßt, vier Jahre später revanchierte sich Menzel zu Fontanes 70. Geburtstag mit der Zeichnung „Auch ein Kuß unter dem
Mistelzweig".[50] Damit spielte Menzel auf die Th. Fontane so gut bekannten englischen Bräuche an (— nach
der Mitte des 19. Jahrhunderts lebte Fontane in England, in London und Edinburg als Korrespondent,
Übersetzer und Dichter englisch-schottischer Balladen —), und auf das Datum von Fontanes Geburtstag,
den 30. Dezember. Unter einem an einem Baum wachsenden und herabhängenden großen Mistelbusch mit
Beeren und Vögeln küßt die lorbeerbekränzte Muse
der Dichtkunst mit der Leier im Arm den Neugeborenen
in der Wiege, vor 70 Jahren… In der neuesten deutschen Literatur trifft man in dem Roman von Siegfried
Lenz „Exerzierplatz" (1985, S. 273) einen Bericht über
die Mistelbeeren, ihre Genießbarkeit und Verbreitung
durch Vögel.

III. Die Mistel in der bildenden Kunst

Flächenkunst

Die Mistel als Motiv in der bildenden Kunst kommt hauptsächlich in der angewandten Kunst vor. Beispiele aus dem Bereich der Malerei sind äußerst selten.

Augenscheinlich in England beheimatet sind Jahreszeitdarstellungen auf Gobelins mit der Personifikation des Winters in Gestalt einer Bauersfrau, die zur Weihnachtszeit Stechpalmen und weißbeerige Mistelbüsche für den Schmuck der Wohnungen holt. Ein 75 cm hoher Gobelin (Farbtafel 2) — wohl aus dem späten 18. oder frühen 19. Jahrhundert — zeigt eine solche Bäuerin in einer verschneiten Winterlandschaft mit rotgeflecktem Schultertuch und blauer Schürze, die als Kopflast einen flachen Korb mit Stechpalmen trägt. In beiden Händen hält sie Mistelzweige, also die in England traditionellen Weihnachts- und Neujahrssymbolpflanzen „Holly" und „Mistletoe" ausgewogen darbietend.

Bereits im vorangehenden Text erwähnt wurden das Gemälde des schottischen Malers Sir William Allen aus der Zeit um 1830 im Museum von Aberdeen, mit der häuslichen Weihnachtsfeier unter dem Mistelbusch sowie das des französischen Historienmalers Henri Paul Motte, das im Pariser Salon von 1901 ausgestellt war „La Cueille du Gui" (Das feierliche Einholen der Mistel durch Druidenpriester und Priesterinnen).

In einem ganz anderen Zusammenhang wurden prächtig wuchernde Mistelbüsche im kahlen Geäst eines Winterbaumes auf einem Gemälde (Abb. 11) dargestellt, das der Leiter einer Münchner privaten Kunstschule, der Lehr- und Versuch-Ateliers für angewandte und freie Kunst, (Gründung durch Hermann Obrist und Wilhelm von Debschitz, Januar 1902)[51] zur Illustration seines grundlegenden Aufsatzes „eine Methode des Kunstunterrichts" in der Zeitschrift „Die Kunst" 1904 unter anderen Bildbeispielen als Schülerarbeit auswählte[52]. Daraus spricht die Wertschätzung für die angehende Malerin Auguste Mährlen, von der W. v. Debschitz immerhin drei Gemälde ganzseitig abbilden ließ. Die märchenhaften Themen mit pflanzlichen Motiven variierenden Bilder spiegeln künstlerisch die Hauptrichtung in der ersten Phase der sogenannten Debschitz-Schule. Sie sind den Detailstudien verwandt, die sowohl Obrist als auch in seiner frühen Zeit der bekannte, dort an dem Institut lehrende Graphiker Hugo Steiner-Prag und vor allem der zu einer Variante von Abstraktionen vorstoßende Mitschüler der Auguste Mährlen, Hans Schmithals (bald darauf Lehrer an dieser Schule), praktizierten. Es handelt sich um ein Ausdeuten von Wachstumsformen der Natur zu ornamentalen Gebilden. Aus Ästen, Flechten, Moosen, Zweigen werden organoide Gespinste gewonnen. Es ist der Weg, um aus der Naturbeobachtung zu neuen dekorativen Formen zu gelangen. Dies macht auch den Reiz des Gemäldes mit den Misteln von A. Mährlen aus, die ihrer Komposition noch einen zusätzlichen Inhalt gibt. Bei dem

Abb. 11: Auguste Mahrlen, **Standesunterschied,** 1904

prachtvollen Mistelbuch mit seinen zwischen den grünen Blättern blinkenden weißen Beeren sitzt eine Art Paradiesvogel mit phantastischen hochaufragenden Kopffedern (wie sie damals vornehme Damen auf ihren Hüten trugen) und blickt hochnäsig herab auf einen im kahlen Geäst weit unter ihm hockenden kleinen, unscheinbaren Vogel. Der Titel lautet „Standesunterschied". Vielleicht soll mit der Konfrontation angedeutet werden, daß die seltene Mistelfrucht zur Winterszeit nur „hochgestellten" Prachtvögeln vorbehalten ist? (Abb. 11).

In den Bereich der angewandten Kunst führt uns die in Holzschnittmanier ausgeführte Vignette (Abb. 12) für ein Kinderlesebuch des Münchner Malers und Graphikers Otto Obermeier (geb. München 1883). Sie findet sich als Illustration des Artikels über Buchschmuck in der Zeitschrift des Bayerischen Kunstgewerbevereins,

München 1906 [53] als eine Variante zu Darstellungen von Grabschmuck. Über einem Mistelkranz mit Schleife ragt im Hintergrund eine kleine Dorfkirche von Jugendstilcharakter und ein blühender Kastanienbaum auf [54].

Aus jüngerer Zeit wären Bilder mit Mistelmotiven des Schweizer Malers Max Hunziker und der japanischen, in Bayern lebenden Künstlerin Atsuko Kato zu erwähnen. Hunziker (Zürich 1901–1972) hatte eine bewegte Entwicklung durchlaufen, ehe er im späteren Werk seinen persönlichen Stil fand, um sowohl christliche als auch symbolische Themen in einer gemäßigten figurativen Abstraktion zu behandeln. Man erkennt in seinen Bildern Einflüsse aus Picassos Werk der Zwanziger Jahre und wird auch ein wenig an das Oeuvre des Schweizer Malers Hans Erni erinnert. Wie dieser hat auch er große dekorative Aufgaben (u. a. Glasfenster) gestaltet. Sein Bild mit der Mistel (Abb. 13) von 1953 — ohne Titel — zeigt eine männliche Halbfigur, die auf ihren Händen eine kleine Knabenfigur mit Wanderstab trägt. Im Hintergrund erscheinen vor dunkelroter (links) und blauer (rechts) nimbenartiger Kreisscheibe ein knospender Weidenzweig und ein von oben herabhängender Mistelzweig mit weißen Beeren. In Anspielung auf die Christopheruslegende könnte die farbige Handätzung wohl eine Parabel auf die Wintersonnenwende zeigen: das alte Jahr entläßt das junge

Abb. 12: Vignette, Holzschnitt, Otto Obermeier, München, 1906

Abb. 13: Handätzung, Max Hunziker, ohne Titel, Zürich, 1953

Neue im Zeichen der Mistel.[55] Doch steht das Bild wohl im Zusammenhang mit Hunzikers Illustration zu André Gides Roman „Der verlorene Sohn".

Atsuko Kato beschäftigt sich in einer eigentümlichen Synthese aus ostasiatischer Tradition und deutscher Romantik in surrealistischen Motiven mit vorwiegend landschaftlichen und botanischen Sujets in subtiler Feinmalerei. Ihr Ölgemälde „Die Mistel" (Abb. 14) öffnet den Blick in eine Winterlandschaft, in die eine alte Eiche hineinragt, die einen grünen Mistelbusch trägt. Im Vordergrunde liegt ein großer Mistelzweig. Der Stamm der Eiche enthält die visionäre Gestalt einer Druidenpriesterin[56].

Kunsthandwerk

Abb. 14: Winterlandschaft mit Eichenmistel, Zeichnung Atsuko Kato, Fürth, 1986

Die große Zeit der Misteldekore im europäischen Kunsthandwerk ist die Phase, die mit dem Stichwort Jugendstil ab etwa 1890 gekennzeichnet wird. Es handelt sich dabei um keinen einheitlichen Stil, sondern um ein ganzes Bündel stilistisch differenzierter Strömungen, denen aber der Wille gemeinsam ist, sich von den bisher vorherrschenden Bemühungen zu lösen, aus historischen Kunststilen zeitgemäße Synthesen zu bilden („Historismus"). Der Jugendstil wendet sich also in einem erfrischenden Aufschwung gegen den Historismus, ohne diesen allerdings immer völlig verleugnen zu können. So kommt es zu zahlreichen Varianten und Mischungen, in denen nach wie vor „historische" Elemente mehr oder weniger eine vorder- oder untergründige Rolle spielen, überdeckt oder durchdrungen von neuen Prinzipien einer vor allem Linie und Fläche betonenden Ornamentik.

Gibt es einerseits abstrakte, geometrisierende Tendenzen besonders im Mackintosh-Kreis von Glasgow und bei der Wiener Secession und den Wiener Werkstätten, so ist doch in die Augen fallend, daß kurvig lineare Strukturen in den meisten anderen Jugendstilzentren vorherrschen. Sie basieren auf einer neuen Hinwendung an Naturvorbilder; vegetabile und organoide Formen werden stilisierend in Schwüngen, Wellen, Schlingen und Spiralen graphisch-dekorativ ge-

staltet. Es gibt bevorzugte Gewächse und Blüten in dieser Sphäre, die sich entweder von Natur zur Umbildung in derartige Phantasieformen besonders eignen wie die Seerosen, Clematis, Weinranken, Mohn, Orchideen, Doldengewächse, Chrysanthemen usw., — oder deren tiefere Bedeutung dem Symbolismus der Epoche entspricht. Zu diesen zählt die Mistel. Hauptzentren ihrer Anwendung sind Paris und Nancy im Französischen, Kopenhagen im Skandinavischen, Wien und die mit ihm zusammenhängenden Manufakturen im Altösterreichischen. Außerdem verwenden Mistelmotive einzelne verstreute Metallwerkstätten in Deutschland, hauptsächlich in München, Pforzheim und Hanau, während in England — nach unserer bisherigen Kenntnis — die Mistel vorwiegend in Illustrationen (Buchschmuck, Kalenderblättern, Glückwunschkarten, Textil usw. im Jugendstil) begegnet, auch, aber weniger, in dekorativer Kleinkunst.

Paris

a) Eisen, Messing, Bronze.

Ein Hauptmeister französischen Edelzinns, Jules-Paul Brateau (1844–1923) formte um 1895 mehrere Trinkservice (Abb. 15) für Bier und Wein. Darunter einen Becher mit Teller, die mit Mistelzweigen, beim Teller auf einer radial, und beim Becher auf senkrecht gerippten Unterlage in feingliedrigem Relief geschmückt sind. Den oberen Abschluß des Bechers bildet die Inschrift „AU GUI L'AN NOUVEAU". Damit ist auf die glückbringende Mistel hingewiesen, die zu Weihnachten und Neujahr besonders beliebt ist. Diese Zinngefäße von Brateau fanden bald Beachtung und wurden auf der Pariser Weltausstellung des Jahres 1900 erfolgreich ausgestellt. Exemplare erwarben die Kunstgewerbemuseen von Hamburg [57] und Budapest, und in einem Münchner Bericht über die Pariser Ausstellung [58] wurden Zinnbecher und Teller mit dem Misteldekor eigens abgebildet. Neuderdings hat das Budapester Kunstgewerbemuseum eine Auflage von Nachgüssen des mistelgeschmückten Zinntellers von Brateau in einer Kollektion von verkäuflichen Museumskopien herausgebracht.

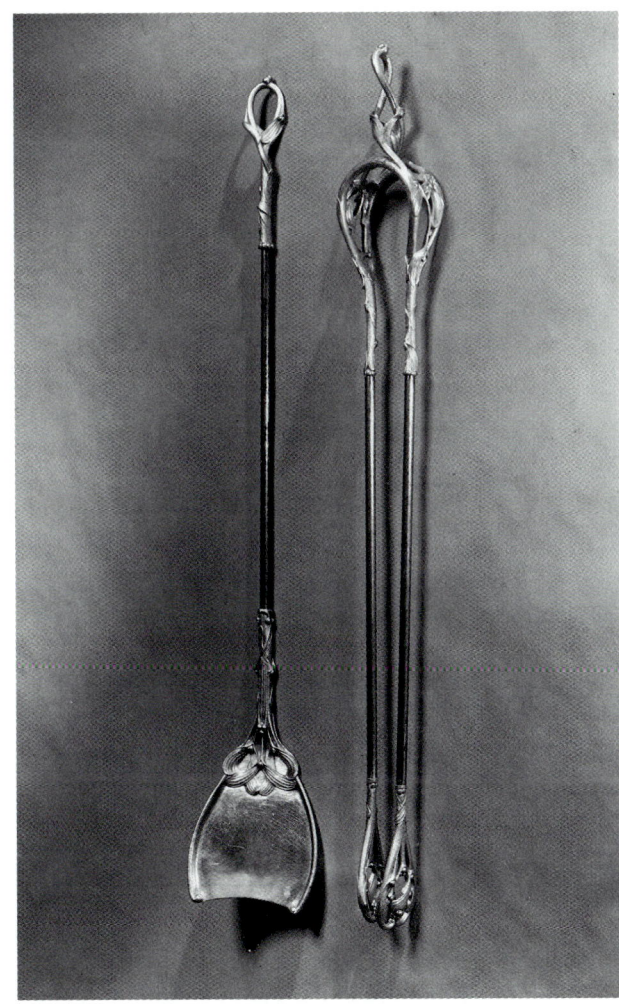

Abb. 16: Kamingerät, Eisen und feuervergoldete Bronze, Entw. Louis Bigaux, Ausf. Eugène Baguès, Paris, 1899

Abb. 15: Becher mit Unterteller, Zinn, Jules Brateau, Paris, 1896

Ebenfalls Pariser Herkunft ist auch ein Kamingerät (Abb. 16) mit Kohlenschaufel und Feuerzange in feuervergoldeter Bronze und Eisen mit Misteldekor, das auch auf der Pariser Weltausstellung gezeigt wurde. Als Entwerfer wird Louis Bigaux angenommen, die Ausführung lag bei Eugène Baguès um 1899. Ein Exemplar dieses zweiteiligen, 84 cm langen Bestecks, besitzt das Kunstgewerbemuseum Berlin [59]. Unter den Kamingeräten des französischen Art Nouveau fällt dieses durch die präzise stilisierende übernaturgroße Ausführung der vergoldeten Mistelzweige, Blätter und Beeren auf, die der Funktion der Werkzeuge geschickt angepaßt sind.

Abb. 17: Briefbeschwerer, Schmiedeeisen, Edgar Brandt, Paris, um 1903

Ein origineller Pariser Eisenguß ist die in mehreren Varianten bekannte „Mistelkugel" (Abb. 17) von Edgar Brandt (1880—1960), ausgeführt um 1903.[60]. Zwischen zwei polierten Kugelkalotten läuft das durchbrochene Band der Mistelzweige mit Blättern und Beeren. Mit

Abb. 18: Aufzugsgitter, Eisen, Emile Robert, Paris, 1901

dem schräg laufenden Pflanzenfries formt sich das ganze Gebilde zur Kugel, die auf einer rechteckigen, signierten Bodenplatte verankert ist[61], auch gibt es Kugeln ganz aus dem Netzwerk der Mistelblätter.

Von dem Pariser Architekt-Designer Emile Robert stammt eine Fahrstuhlgittertür (Abb. 18), die als Muster in der Zeitschrift „Art et décoration" 1901[62] abgebildet wurde. Das quadratische Schema der Hauptgitterfläche wird in der Mittelachse und in der Türsturzzone durch Mistelblätter belebt, die paarig um die gegebenen senkrechten bzw. waagerechten Achsen angeordnet sind. Der obere Abschluß ist bezeichnet durch Spiral- und Kreisformen. Den zentralen Aufsatz aus zwei konzentrischen Kreisen durchwächst der Mittelachsenzweig der Mistel, von dem weitere Nebenzweige ausgehen, vor allem zwei aus dem Mittelpunkt radial nach oben aufstrebende. Es handelt sich also um keine naturalistische Nachbildung des Pflanzenwuchses, sondern um eine streng geometrisierende Stilisierung, in der aber das Besondere der paarig ansetzenden Mistelblätter als Charakteristikum erhalten bleibt. Abgesehen davon, daß die Mistel hier als Glückszeichen an der Eingangstür zum Fahrstuhl figuriert, liegt auch die Assoziation zum „Ascenseur" nahe, da sowohl das Aufstreben versinnbildlicht wird als auch der Hinweis auf die in der Regel sehr hoch oben auf Bäumen wachsenden Misteln.

Ein weiterer sehr individueller Entwurf betrifft den metallenen Garderobenaufhänger aus dem Jahre

Abb. 19: Garderobenaufhänger, Messing, M. Brindeau, Paris, 1900

Abb. 20: Deckenleuchte, Metall, ø ca. 50 cm, Frankreich, um 1900

Abb. 21: Deckenleuchte, Eisen, ø 45 cm, emailliert, Glasperlen, Paris, um 1900

Abb. 22: Cléo de Merode — von Henri Muller, Paris, um 1900

schiedenen Größen ausgeführt wurden. Sie knüpfen an die englische Sitte an, zur Weihnachts- und Neujahrszeit frisch geschnittene Mistelbüsche dicht unter der Decke in der Mitte des Wohnraums oder der Diele aufzuhängen. Derartige Lampen können Mistelbüsche ziemlich naturalistisch imitieren mit grün gefaßten Blättern und weißen oder roten Glasperlen als Beeren (Abb. 20 + 21). Entsprechende Mistelbüsche wurden auch in Silber, vergoldet und mit Opalen als Beeren ausgeführt, um als Sträuße in Vasen gesteckt oder als herabhängende Zweige anstelle von Naturmisteln Verwendung zu finden (1 Exemplar in deutschem Privatbesitz).

Eine Besonderheit in dem hier skizzierten Motivkreis ist die Bronzebüste der um 1900 bekannten Pariser Tänzerin Cléo de Mérode (der Geliebten des Königs Leopold II. von Belgien) von dem Keramiker und Bronzemodelleur Henri Muller: der schmale Sockel und die Büste der jungen Schönheit sind von aufsteigenden Mistelzweigen mit Beeren gerahmt, belegt und umflochten. Auch das für die Tänzerin charakteristische Stirnband ist mit Dreiergruppen von Mistelbeeren geschmückt. (A. Duncan: La sculpture Art Nouveau. London–Paris 1978, S. 80.) (Abb. 22).

1900 von Brindeau [63], der an einer Grundplatte einen Gabelzweig der Mistel hält. Die Kopfstücke sind kugelig aus je drei Beeren und sie umrahmenden drei Blättern der Mistel gebildet. Auch an der Gabelstelle sitzen Beeren und Blätter (Abb. 19).

Eine Pariser Spezialität scheinen Lampen zu sein, die als ganzer Mistelbusch in Eisen und Bronze in ver-

b) Schmuck

Das Pariser Goldschmiedeatelier Henri Vever führte mehrere Schmuckkämme mit Misteldekor aus, die Beachtung und Nachahmung fanden. Die Haartracht der „Belle Epoque" mit hochgesteckten Frisuren forderte Aufsteckkämme, was zu einer Neubelebung dieses sehr alten Frauenschmucks im Jugendstil führte. Als Grundmaterial diente Horn, das in verschiedener Breite von zwei bis zu zwanzig Zähnen oder Zinken geschnitten wurde und schon durch den Reiz seiner unterschiedlichen Naturfarben — oft streifig geflammt — dekorativ wirkte. Der obere Abschluß, Griff und Zier zugleich, wurde meist üppig floral gestaltet. Das Darmstädter Hessische Landesmuseum besitzt aus der bekannten Jugendstilsammlung Citroën einen Schmuckkamm (Abb. 23) der Firma Vever (um 1900), dessen durchbrochener Rand mehrschichtig aus Mistelzweigen gebildet und mit Perlen besetzt ist[64].

Eine einfachere Variante (Abb. 24), nur aus schön geflammtem Horn geschnitzt, befindet sich in deutschem Privatbesitz.

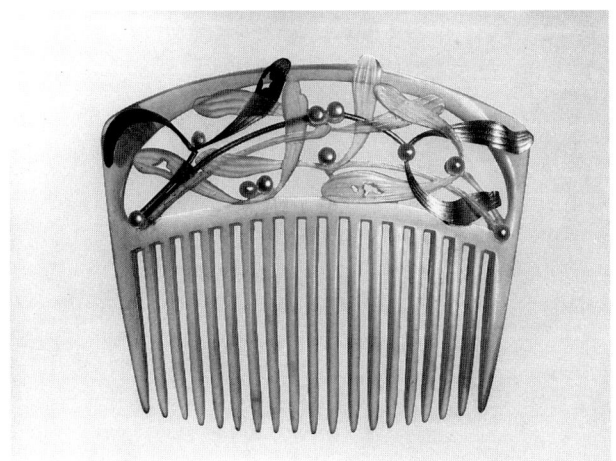

Abb. 23: Schmuckkamm, Horn, teilvergoldet, Perlen, Fa. Vever, Paris, um 1900

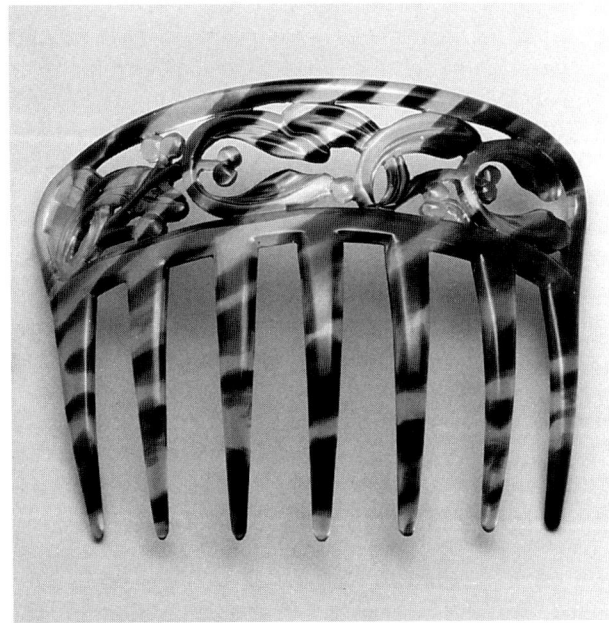

Abb. 24: Schmuckkamm, Horn, Frankreich, um 1900

Abb. 25: Einsteckkamm, Horn, Gold, Email, Perlen, Fa. Vever, Paris, um 1899

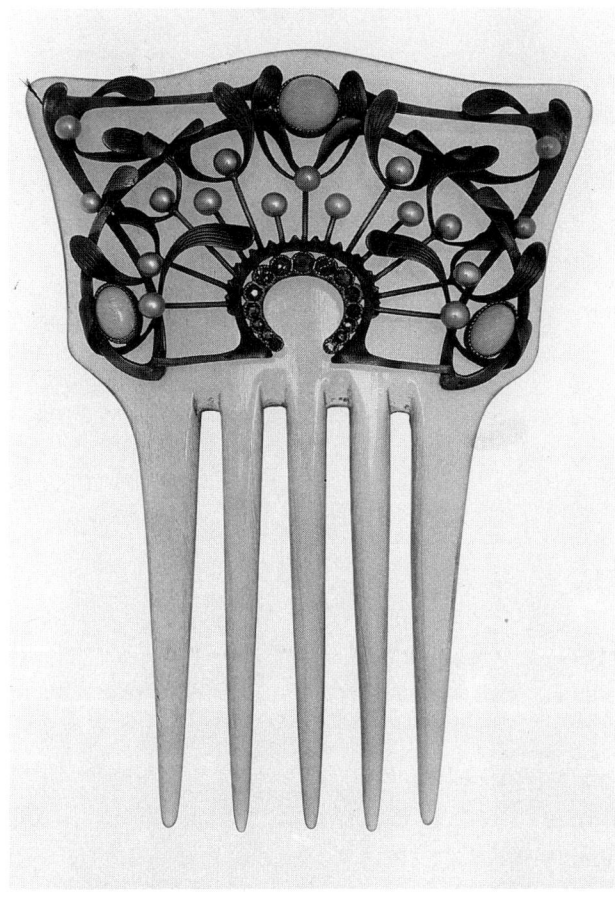

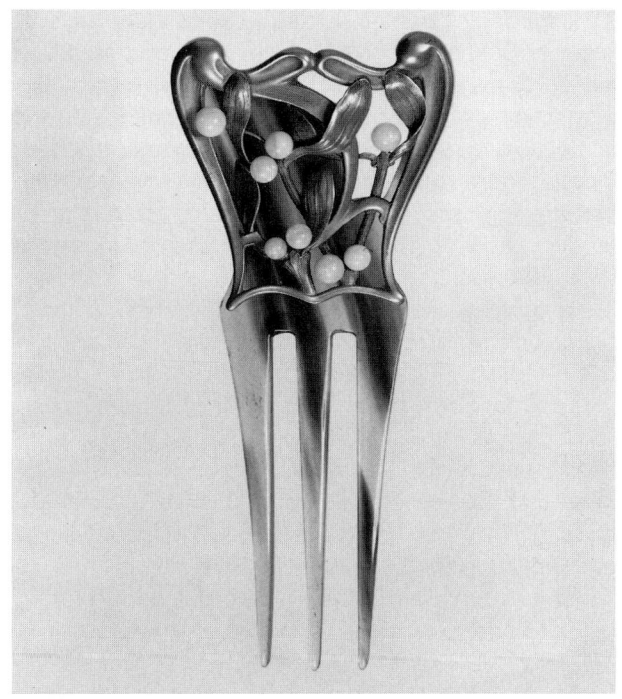

Abb. 27: Einsteckkamm, Horn, Gold, Opale, André Falize, Paris, 1899

Abb. 26: Einsteckkamm, Horn, Silber-Email, Perlen, Opale, Paris, um 1900

Abb. 28: Anhänger „L'AN NEUF", Gold, Transluzidemail, Peter Carl Fabergé, St. Petersburg, um 1900

Geradezu berühmt wurde die Serie von Ziersteck-kämmen aus Horn mit Misteldekor von Henri Vever (Firma Vever Frères) Paris. Nicht nur die kostbare Ausführung aus Horn, Gold, die Blätter grün emailliert, und echten bzw. Zucht-Perlen, unterstreicht seine Bedeutung, sondern vor allem auch seine elegante freie Gestaltung. Hier sind die Mistelzweige und Zierornamente nicht an ein mehr oder weniger streng umrissenes Feld gebunden, sondern entwickeln sich frei schwingend zwischen an Rocaillen erinnernden Hornkurven, die sie umspielen, als wüchsen sie — wie in der Natur — aus Ästen. Ein Musterexemplar (Abb. 25) wurde ebenfalls auf der Pariser Weltausstellung 1900 gezeigt und sogleich vom Pariser Musée des arts décoratifs erworben[65]; eine nahe Variante kaufte das Museum für Kunst und Gewerbe in Hamburg an[66], eine dritte befindet sich in Pariser Privatbesitz. — Oft abgebildet und ausgestellt[67], zählt dieser Schmuckkamm zu den zu Recht bekanntesten kunsthandwerklichen Objekten des Jugendstils mit dem symbolischen Misteldekor.

1980 schuf die Goldschmiedin und Schmuckgestalterin Brigitte Schön, St. Ingbert, aus Elfenbein, Gelbgold und Akoya-Zuchtperlen eine freie Variante dieses Entwurfs von 1899[68].

Ein anderer Steckkamm (Abb. 26) der Darmstädter Sammlung unbekannter französischer Herkunft ist auf der Horngrundlage im oberen trapezoiden Feld reich mit Blättern und Beeren aus Gold, Perlen und Opalen in einer interessant radialen Anordnung geschmückt[69].

Von André Falize (Paris) stammt ein gleichfalls mit Misteln geschmückter Steckkamm (Abb. 27) mit drei Zinken des Berliner Kunstgewerbemuseums (SMPK). Auch er ist aus Horn mit den Mistelblättern aus Gold und ihren Beeren aus grünlich schimmernden Opalen. Dieses kostbare Objekt wurde ebenfalls auf der Pariser Weltausstellung 1900 präsentiert[70].

Zu den hervorragendsten Goldschmieden französischer Herkunft in der Zeit des Art Nouveau zählt Fabergé, dessen Vater bereits Hofjuwelier in St. Petersburg war, wo Peter Karl Fabergé 1846 geboren wurde (gest. 1920 in Lausanne). In stetem Kontakt mit Paris und internationalen Zentren des Jugendstils formte er grazilen Luxusschmuck phantasievollster und kostbarster Art im Sinne des Jugendstilsymbolismus. Sein Anhänger (Abb. 28) mit Misteldekor aus der Sammlung Citroën in

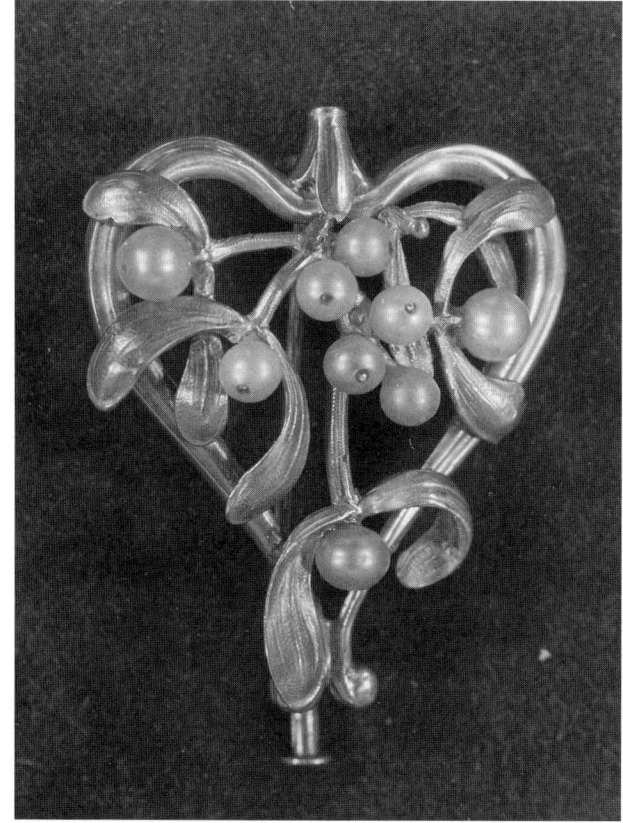

Abb. 29: Brosche, Gold, Perlen, Paris, um 1900

Darmstadt[71] stellt ein Musterbeispiel für den Amulettcharakter solcher Objekte dar. Zwei transluzid emaillierte „naturfarbene" Störche rahmen ein Rundmedaillon mit emaillierten hellgrünen Misteln, zwischen die in roten Buchstaben die Worte „L'an neuf" gestreut sind, die Abkürzung des französischen Neujahrsglückwunsches „Au gui l'an neuf"!

Der in Gold gearbeitete an mit Brillanten, Diamanten und Chrysopasen besetzten Kettchen befestigte Anhänger vereinigt die Sinnbilder der Kinderreichtum verheißenden Störche mit den glückbringenden Misteln.

Goldene und silberne Halsketten (Farbtafeln 13, 12), deren Hauptglieder aus Mistelkompositionen bestehen, wurden in verschiedenen Ausführungen und mit einfacheren oder reicheren Anhängerabschlüssen, oft mit Perlen verziert, in Frankreich hergestellt (Farbtafel 19a).

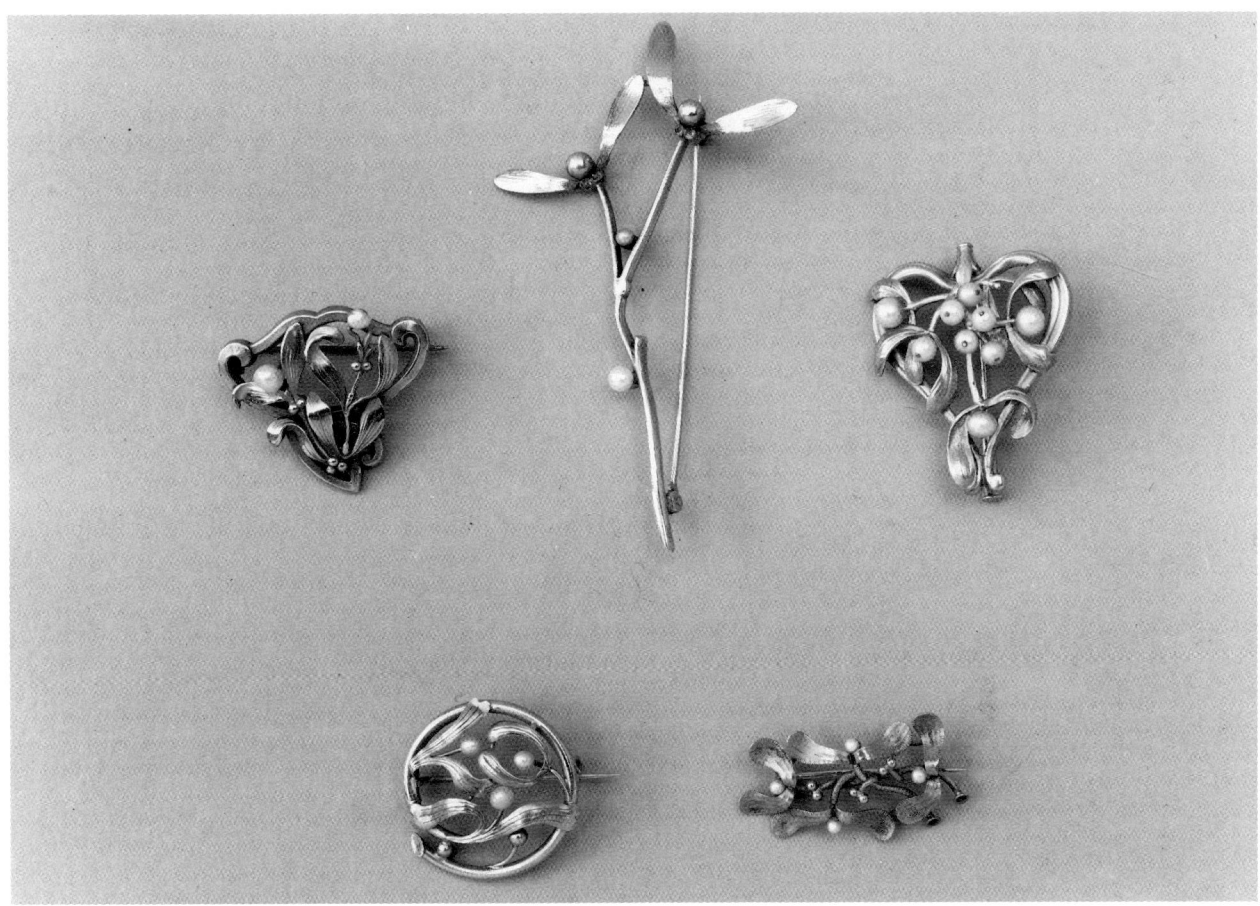

Abb. 30: Broschen, Gold und Perlen, Frankreich, um 1900, sowie **Anstecknadel,** Gold, Perlen und Smaragde (Deutschland 1920)

Das Mistelmotiv war auch auf französischen Broschen beliebt und diese wurden in verschiedenen Varianten gerne in Herzform gestaltet, wie das mit Perlen geschmückte Gold-Exemplar (Abb. 29) (deutscher Privatbesitz) zeigt. Solche Broschen gibt es auch in schlichterer Ausführung, aus einfacheren Materialien (Silber vergoldet, Doublé, unechte Perlen etc.). Neben der Herzform treten auch runde, vierpaßförmige und quergestellte Broschen (Abb. 30) in Gold oder Silber (diese mitunter vergoldet, in gelbem, gelbgrünlichem oder rosa Ton) auf. Immer besteht der besondere Reiz darin, wie die Zweige, Blätter und Beeren der Mistel in durchbrochener Arbeit der Grundform der Anhänger und Broschen, der Gürtelschließen (Abb. 31a + 31b),

Ansteck- und Krawattennadeln (Abb. 32) eingepaßt sind. Es gibt auch Anhänger als Medaillons, deren Zierdeckel durchbrochen, im Relief oder als Kranz mit Mistelzweigen geschmückt sind. Die Variationsfülle dieser französischen Jugendstil-Schmuckgegenstände für einen festlichen oder alltäglichen Gebrauch ist erstaunlich! Aber auch die Verwendungszwecke sind bemerkenswert vielfältig: als Babyglöckchen und Kinderrasseln (meist aus Silber, Reliefarbeit mit Elfenbeinringen), Halter für Babylätzchen mit der Aufschrift „Bébé", als Medaillonkapseln für Miniaturfotografien oder Damenuhren, wiederum in runder oder Herzform oder als Ovale; als Etuis für Streichhölzer, Zigaretten oder Münzen, an Stock- und Schirmgriffen, Garderobenbürst-

Abb. 31a: Gürtelschnalle, Silber, Gold, Frankreich, um 1900

Abb. 31b: Gürtelschließen, Silber, Frankreich, um 1900

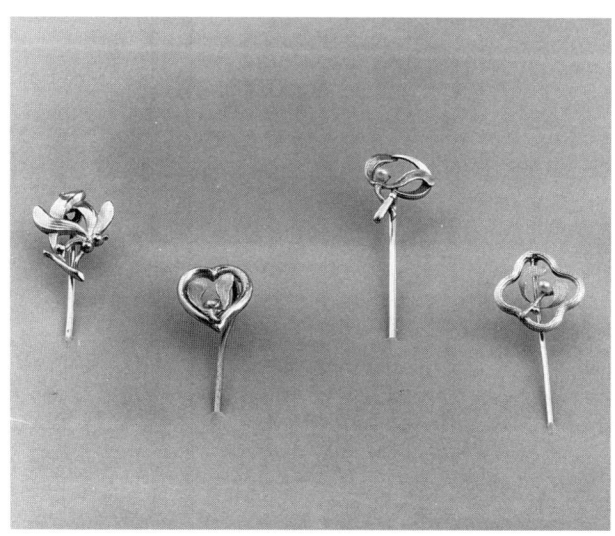

Abb. 32: Krawattennadeln, Gold, Perlen, Frankreich, um 1900

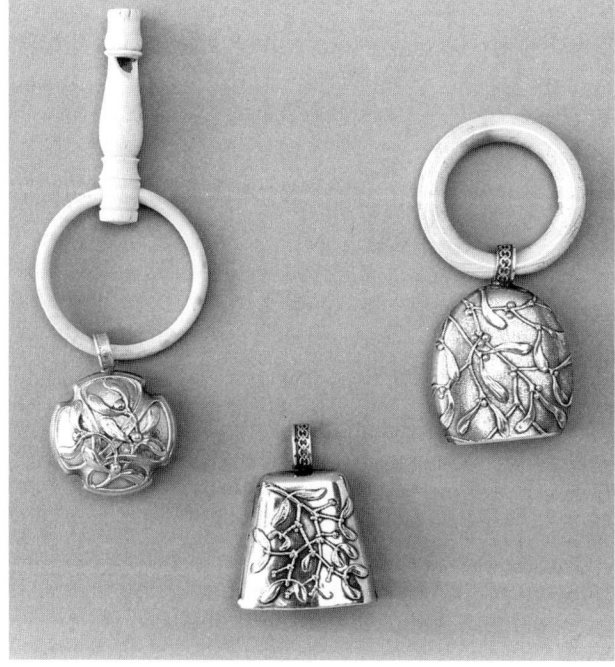

Abb. 33: Babyrasseln und Glöckchen, Silber, Elfenbein, Frankreich, um 1900

Abb. 34: Ring und Lätzchenhalter, Silber Metall vergoldet, Frankreich, um 1900

Abb. 35: Foto-Medaillon, Anhänger und Broschen, Silber, Frankreich, um 1900

Abb. 36: Stockknauf, Bürste, Silber, Frankreich, um 1900

Abb. 37: Manikürteile, Silber, Frankreich, um 1900

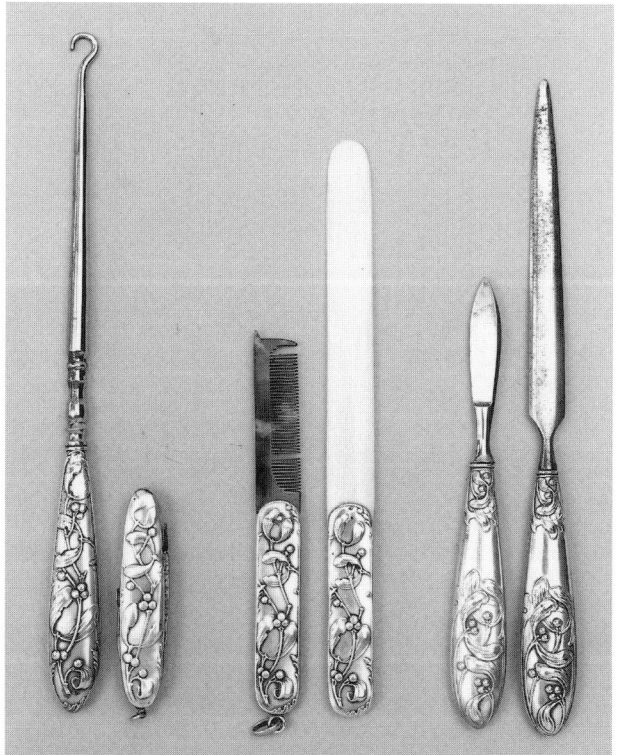

**Abb. 38: Schuhknöpfer, Taschenmesser, Schnurrbartkamm,
Brieföffner und Manikürteile,** Silber, Frankreich, um 1900

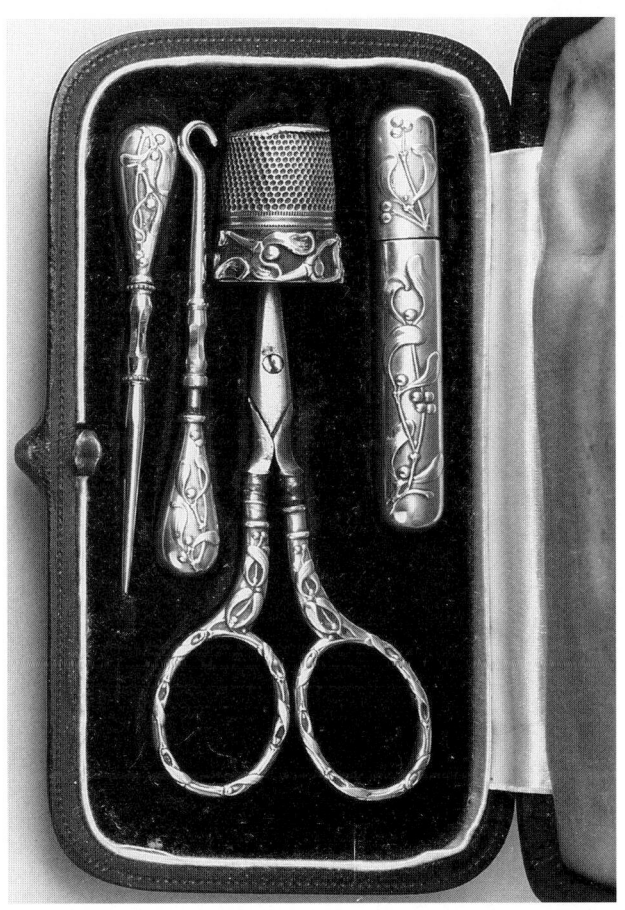

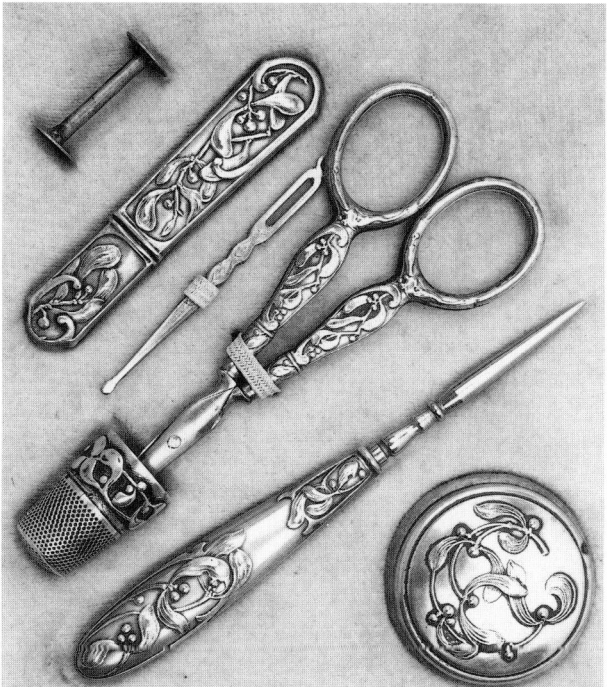

Abb. 40: Nähzeug, 7 Teile, versilbert, Frankreich, um 1900

Abb. 39: Nähzeug, 5 Teile, Silber, teils vergoldet, Paris, um 1900

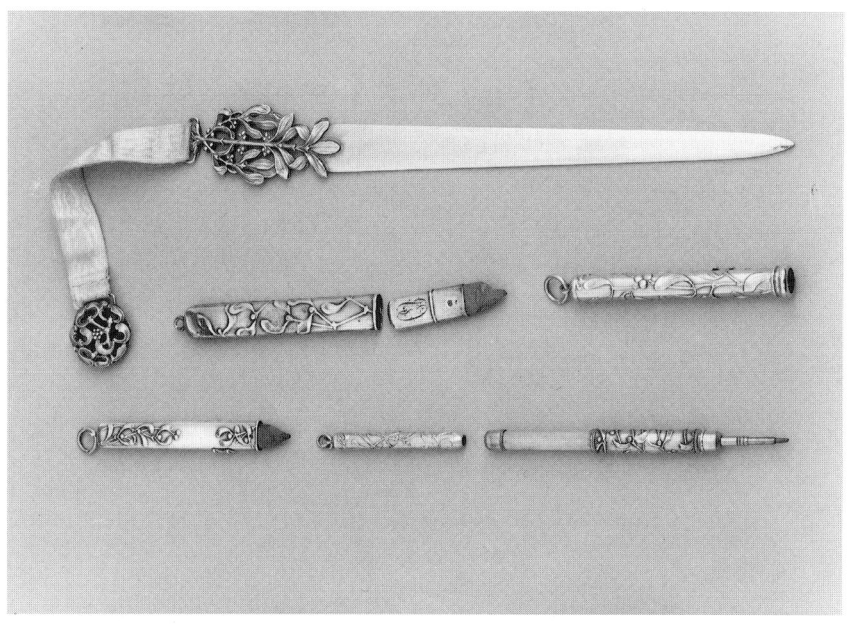

Abb. 41: Brieföffner, versilbert mit Ripsband, England, um 1900, **Taschen- und Drehbleistifte,** Silber teils vergoldet, Frankreich, 1904

Abb. 42: 2 Petschaften, Silber, Frankreich, um 1900

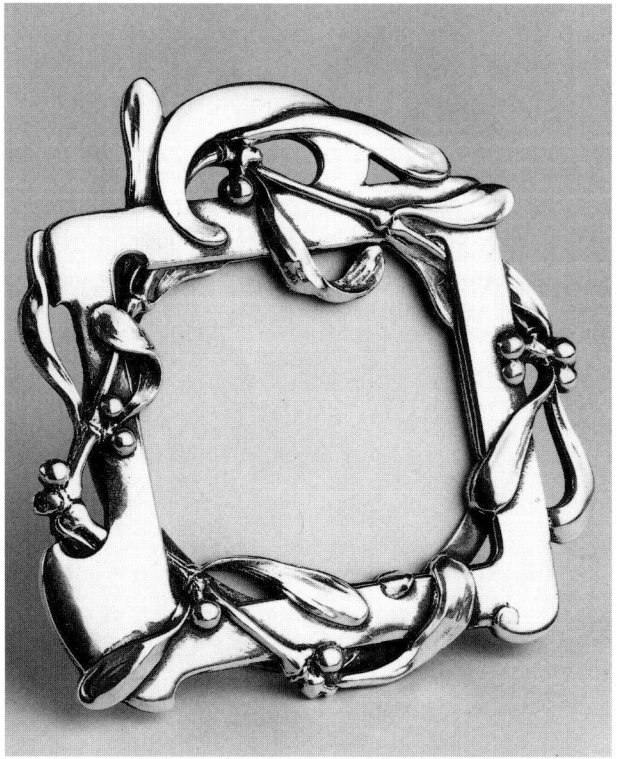

Abb. 44: Fotorähmchen, versilbert, Frankreich, 1975

Abb. 43: Mistelknopf, Zinn auf Perlmutt, Frankreich, um 1900

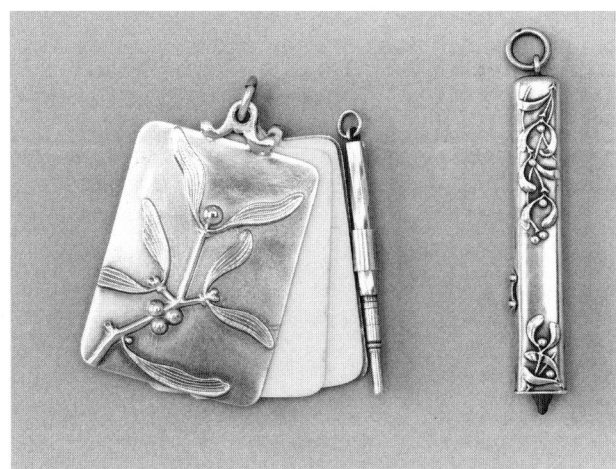

Abb. 45: Anhänger Carte de bal (zum Vormerken von Tänzern) mit Drehbleistift, Silber, Elfenbein und **Bleistifthülle,** Silber, Frankreich, um 1900

Abb. 46: Geldtäschchen und Abendtasche, Silber, Frankreich, um 1900

Abb. 48: Medaillon-Anhänger mit Spiegel, Silber, Frankreich, um 1900

Abb. 47: Flakon und Pomadedosen, Silber, Paris, um 1900

Abb. 49: Spiegelanhänger und Châtelaines mit Wappen von Anne de Bretagne, versilbert, Frankreich, um 1900

Abb. 50: Fingerring, Goldguß, Perlen, Saphir, Frankreich, um 1900

Abb. 51: Anhänger, Streichholzbehälter, Pillendose mit Eichen-
misteldekor, Silber, Frankreich, um 1900

chen, Necessairen, Nähzeug, Schreibzeug mit Brieföff-
nern und Petschaften, deren Silbergriffe jeweils zierlich
mit immer wechselnden Mistelmotiven belegt sind,
aber auch auf Serviettenringen, Hutnadeln, Manschet-
tenknöpfen, Kleiderknöpfen, Bilderrähmchen, Bleistift-
hülsen, Tanzheftchen, Handtaschen, Abendtäschchen,
Parfumflacons, Damentaschenmessern, Damenschuh-
knöpfern, Portemonnaies, Taschenspiegeln, Schnurr-
bartkämmen, Berlocken und Châtelaines (Schlüsselan-
hängern an Damengürteln und Uhrkettenanhängern)
etc. etc. (Abb. 33—49).

Die Flut dieser und weiterer Kleinobjekte, die von
einzelnen Luxusausführungen bis hinab zur industriel-
len Massenproduktion reichen, bestätigen die außer-
ordentliche Beliebtheit des Misteldekors als Glückszeichen im französischen Jugendstil zwischen etwa 1890
bis in die Zwanziger Jahre. Merkwürdigerweise sind
Fingerringe innerhalb dieses Schmuckangebots selten
(vielleicht werden gerade sie in Familienbesitz länger
bewahrt…).

In den Museen ist nur in der Darmstädter Sammlung
Citroën[72] ein französischer goldener Fingerring
(Abb. 50) mit einem Saphir und zwei Perlen bekannt,
der Mistelblätter und -beeren als Rahmung zeigt. Im
Pariser Kunsthandel tauchen ab und an weitere ver-
wandte Stücke auf und es kann auch auf einen französischen gegossenen Goldring ohne Perlen hingewiesen werden, der die durchbrochenen Mistelblätter in
sehr zierlicher Anordnung zeigt (deutscher Privatbesitz), das gleiche Modell gibt es auch mit Opalen.

Erst durch das Engagement und die Systematik eini-
ger privater Sammler ist in den letzten Jahren die Vielfalt der Anwendungsgebiete für Misteldekore zutage
getreten. Es scheint in Frankreich fast keinen Gegenstand mit Dekor gegeben zu haben, der nicht auch mit
Misteln geschmückt wurde.

Abschließend sei hier noch auf eine Besonderheit
innerhalb der französischen — und der europäischen —
Jugendstildekore hingewiesen, nämlich auf das aus-
drückliche Darstellen der auch in der Natur seltener zu
findenden, aber, wie schon Plinius berichtet, anscheinend in keltischer Zeit besonders geschätzten Misteln
auf Eichenbäumen. Dieses Sondermotiv der Eichenmistel (Abb. 51 + 54) gibt es augenscheinlich nur im französischen Kunsthandwerk des Art Nouveau. Auf allerlei

Abb. 52: Serviettenringe mit Mistel und Stechpalme, Silber, Frankreich, um 1900; **Kaffeelöffel** mit Mistel und Stechpalme, Silber, England, um 1900

Abb. 53: Krawattennadel mit Druidensichel, Silber vergoldet, Perle, Frankreich, um 1900

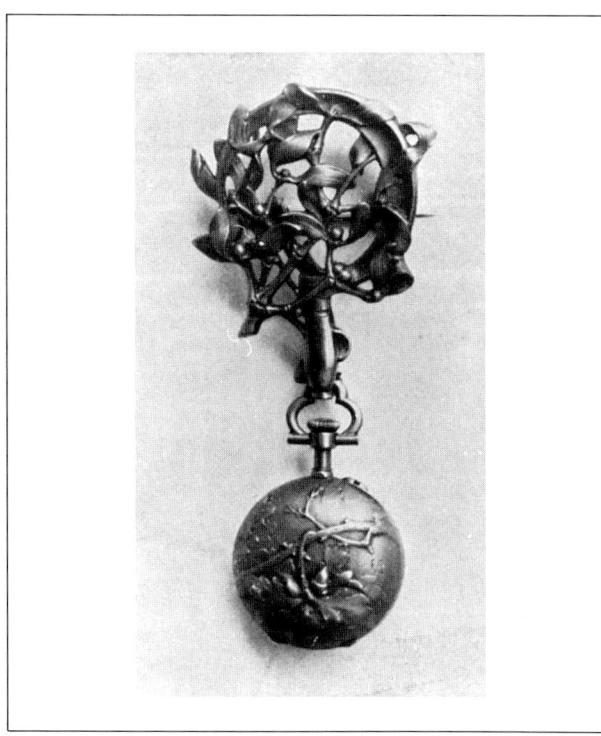

Abb. 54: Anhänger-Damenuhr, Silber vergoldet, Entw. Paul Richard, Ausf. Fa. F. V. Editeur, Paris, um 1900

c) Glas

Lalique

Zwischen „Art Nouveau" und „Art déco" ist die Glaskunst von René Lalique (1860—1945) angesiedelt. Er begann als Goldschmied und war bereits für seinen phantasievollen Schmuck bekannt und geschätzt (Triumph auf der Pariser Weltausstellung 1900; eine repräsentative Auswahl ist im Museu Calouste Gulbenkian in Lissabon zu sehen), als er ab 1902 auch mit eigener Glasproduktion begann. Er erfand spezielle Techniken mit Preßluftverfahren, in denen viele seiner Seriengläser mit Reliefdekor ausgeführt wurden. 1909 gründete er die Glasmanufaktur Combs-la-Ville bei Paris, 1921 (nach der Rückgliederung des Elsasses an Frankreich) die „Verreries d'Alsace René Lalique et Cie" in Wingen-sur-Moder[74].

Für seine erste Pariser Glasausstellung im Jahre 1912 schuf Lalique eine originelle Einladungsmedaille aus grünem Preßglas (Ø 6,6 cm) mit einem, die ganze Rundscheibe füllenden Mistelbusch. (Davon gibt es auch eine Ausformung von 1917 für seine zweite Pariser Ausstellung, ein Exemplar in der Sammlung Hentrich, Kunstmuseum Düsseldorf.)[75]

Eine Variante dieser Komposition schmückt den Deckel einer Glasdose Laliques mit dem Modellnamen „Gui"[76]. Sie wurde vermutlich nach dem Ersten Weltkrieg geformt, ähnlich wie die bekanntere Lalique-Vase (Abb. 55) „Druides", entworfen um 1921, ausgeformt bis in die dreißiger Jahre. Das preßluftgeblasene Opalglas — die Ausführung in verschiedenen Farben (hellgrün, hellblau usw.) zeigt ein im Oberflächenrelief vertieft liegendes Geäst mit wenigen Blättern, aber mit vielen stark gewölbten polierten Beeren.[77]

Eine weitere Mistelvase Laliques, kugelig im Körper wie die erste, Modell „Gui" (Farbtafel 18a), ist in flachem, zum Teil vertieftem Relief gehalten[78]. Beide Vasen stellen gleichsam ganze Mistelbüsche vor. Lalique produzierte außerdem Glasschalen (Abb. 56) mit blattreichem Misteldekor in dem für seine Firma typischen Opal-Preßglas.

silbernen Objekten (z. B. Etuis, Medaillons, Damentaschenmessern usw.) finden sich Misteln, die auf Eichenzweigen wurzeln. Deutlich werden im feinen Relief die Blätter — und manchmal auch Eicheln — eines Eichbaumes gezeichnet, von dessen Ast sich die Mistelzweige abheben. Schließlich gibt es auch in Gürtelschließen und Krawattennadeln (Abb. 53) die Kombination von Misteln mit der goldenen Druidenpriestersichel, gemäß dem Bericht von Plinius über die Art der Ernte der verehrten Pflanzen. Als ungewöhnliche Zusammenstellung beider Motive hat eine bisher nur aus alten Abbildungen bekannte Anhänger-Damenuhr (Abb. 54) zu gelten, die von Paul Richard entworfen und von F. V. Editeur ausgeführt worden ist[73]. Während das Uhrgehäuse mit Eichenlaub geschmückt ist, wurde die Anhängerbrosche (Châtelaines), die viel größer als die Uhr ausfiel, als Mistelbusch gestaltet. Dieser überwuchert im übrigen die dreiviertelkreisförmige goldene Sichel mit ihrem nach unten stehenden Griff, mit der die Druiden die Mistelzweige an Neujahr vom Baum zu trennen pflegten. Hier ist in nuce der ganze Mistelmythos bildhaft erfaßt.

Abb. 55: Vase „Druides", Opal-Preßglas, Lalique/France, Werk-Nr. 937, 1921, 17,5 cm

Abb. 56: Glasschale, Lalique/France, ab 1921, Ø 23,5 cm

Nancy und Lothringen

In Frankreich existierte im „Art Nouveau" neben Paris ein zweites, bedeutendes Zentrum des modernen Kunsthandwerks, die lothringische Hauptstadt Nancy mit den ihr zugeordneten Werkstätten in der Provinz.

Ihr führender Meister war der als Glaskünstler weltberühmte Emile Gallé (1846—1904), der auch als Designer für Keramik, Möbel usw. tätig war und 1901 die „Ecole de Nancy", eine Vereinigung von ca. hundert Kunsthandwerkern und Designern gründete.[79] E. Gallé hat den floralen Dekor besonders kultiviert, aber merkwürdigerweise tritt die Mistel bei ihm nur sporadisch auf, anscheinend vorwiegend in Arbeiten aus Holz. Im französischen Kunsthandel wurden z. B. ein Tablett und ein Damenschreibtisch mit Gallés Signaturen angeboten, die teilweise mit Mistelzweigen verziert sind, auf dem Tablett in Intarsien, am Schreibtisch in der Schnitzerei der Vorderbeine. Gallé gründete seine Möbelwerkstatt in Nancy 1884 und stellte Musterstücke erst-

Abb. 57: Handspiegel, Mahagoni, Louis Hestaux, Nancy, um 1900

Abb. 58 (links): Armstuhl, Nußbaum mit Intarsien, Louis Majorelle, Nancy, um 1900; **(rechts): Detail aus der Rückenlehne**

mals bei der Weltausstellung 1889 in Paris aus. Die mit Misteln geschmückten hölzernen Objekte dürften aus den Jahren um 1895–1902 stammen.

In Gallés Sinn entwarf sein früherer Mitarbeiter in der Fayencerie, Louis Hestaux, der sich später selbständig machte, auch Holzobjekte. Ein halb ovaler Handspiegel (Abb. 57) mit geschnitztem Rahmen zeigt ziemlich stark plastisch herausgearbeitete Mistelzweige (deutscher Privatbesitz).

An E. Gallés und seiner Werkstätten Ideen knüpfte der ebenfalls vielseitig begabte Louis Majorelle (1859–1926) an, der 1879 seines Vaters Möbel- und Keramikmanufakturen in Toul und Nancy übernahm und bei der Pariser Weltausstellung 1900 mit seinen Möbeln einen großen Erfolg errang, wie A. Darras mit seinen

Stühlen aus Nußbaumholz mit geschnitzten Misteln an den Rückenlehnen (Viktoria & Albert Museum, London; vgl J. Markay: Kunst und Kunsthandwerk der Jahrhundertwende. München 1975, Abb. S. 159.) Sehr schöne Beispiele seines Ateliers sind Stühle und Armsessel (Abb. 58) aus Nußbaum mit Mistelmotiven in den Schnitzereien und in den Intarsien der Rückenlehnen (deutscher Privatbesitz).

Die größte Verbreitung von Misteldekoren im Rahmen des lothringischen Art Nouveau ging von der 1875 gegründeten Glashütte der Gebr. Daum aus, die sich seit 1889 auf Kunstglas umstellten und 1891 spezielle „Ateliers d'Art à la Verrerie de Nancy" einrichteten. Schon in den frühen neunziger Jahren begann die Herstellung von Kunstgläsern mit und ohne Silbermontierungen. Um 1892 datieren Schalen (Farbtafel 15a

Abb. 59: Tintenfaß, Glas, rauh geätzt, Gold- und Emailmalerei, Silbermontur, Daum Frères, Nancy, 1892/93, 14,5 cm

Abb. 60: Vase, Eisglas mit Gold- und Emailmalerei, St. Louis/Lothringen, um 1900

+ b)[80], Aschenbecher, Likörflacons (Farbtafel 14a)[81], Likörservice (Farbtafel 16), Tintenfässer (Abb. 59)[82] und Vasen (Farbtafel 14b)[83] in Überfangglas, rauh-matt geätzt, mit Misteldekor in geätztem, goldgehöhten Relief und weißemaillierten Beeren. Auf den Metallmontierungen (Gefäßsockel und Ränder oder Deckel), meistens aus Silber, teils vergoldet — sowohl in Paris, als auch in Deutschland (nach Entwürfen aus Nancy) ausgeführt — setzt sich der Misteldekor in Treibarbeit von zartem Relief fort[84]. Ab 1897—1900 gab es durch den Zeichner und Entwerfer Henri Bergé (1879—1930), der (wie früher Gallé) exakte botanische Studien (Farbtafel 1) betrieb, in der Glashütte Daum Frères/Nancy eine neue Phase von Misteldekoren. Ein Studienblatt von Bergé nach Misteln in der Natur, hat sich in der Firmensammlung in Nancy erhalten[85]. Ab 1908 entwarf Bergé auch Modelle für die Pâte-de-verre (Glaspasten)-Herstellung, die Almeric Walter (1859—1942)

bei Daum ausführte. Eines der schönsten Beispiele der Zusammenarbeit von H. Bergé und A. Walter (von beiden signiert) ist eine Deckeldose (Farbtafel 18b) der Sammlung Helga Schaefer/Starnberg[86] mit grünen Mistelzweigen und weißen Beeren auf blauem Grund, von der eine rosa-violette Variante im Kunstmuseum Düsseldorf steht[87].

Neben der Distel, der Wappenblume der Stadt Nancy, firmiert die Mistel in den lothringischen Werkstätten auch als nationales Identifikationssymbol, weshalb sie auch von lothringischen Glashütten wie Münzthal/St. Louis (Abb. 60) und anderen benutzt wurde (Farbtafeln 17, 4, 10).

Aus der „Ecole de Nancy" sind auch gläserne Lampen mit schmiedeeisernen Montierungen (z. B. von Muller Frères, Lunéville in deutschem Privatbesitz) bekannt, die Mistelmotive aufweisen. Auch gänzlich aus Eisen gefertigte Lampen — farbig gefaßt — in der Form von herabhängenden Mistelzweigen kommen in Lothringen vor (deutscher Privatbesitz) (Farbtafel 5).

Paris — Nancy

Obwohl Emile Gallé nach unserer Kenntnis in seiner Glaskunst keine Misteldekore verwendet hat, inspirierte er doch andere, wie den älteren Pariser Glaskünstler Philippe-Joseph Brocard († 1896). Anfangs bewunderte Gallé diesen Meister der historischen (islamisierenden) Gläser mit feiner Emailmalerei. Aber vor 1890 gab ihm Gallé selbst Anregungen zur Ausführung floraler Motive. Dazu dürfte eine Mistelvase Brocards zählen, die das Pariser Musée des Arts décoratifs besitzt [88].

Obwohl sich der Pariser Glaskünstler Charles Legras an der Glasproduktion von Nancy (E. Gallé und Daum) anfangs orientierte, gelangt er nach etwa 1905 zu einem starreren, aber dekorativ sehr wirkungsvollen Stil. Die in dieser Art von ihm in der Hütte von Paris-St.-Denis (auch unter der Bezeichnung MONT JOYE/L. et Cie mit Bischofsmütze — nach dem alten Schlachtruf „Montjoie Saint-Denys", dem Wahlspruch der ersten französischen Könige, deren Grablege in der Abteikirche von St.-Denis war) hergestellten Prunkvasenpaare (Farbtafel 6) mit goldenen Misteln in symmetrischen Kompositionen auf starkgrünem Grund, führen bereits aus dem kurviglinearen Art Nouveau in eine Zwischenphase vor dem Art Déco (mehrere Exemplare in deutschem Privatbesitz) (Abb. 61).

Ein anderer Pariser Designer von überregionaler Bedeutung, der auch für lothringische Firmen arbeitete, war Edmond Lachenal (1855—1930). Er entwarf zunächst für die Porzellanmanufaktur Sèvres bei Paris. In dieser wurden bereits Vasen und Geschirre mit Mistelzier hergestellt, vgl. die 1898 von Mlle. Bogureau entworfene und auf der Pariser Weltausstellung 1900 gezeigte Sèvresvase mit aufstrebenden Mistelzweigen [89]. Ab etwa 1895 war Lachenal auch für die Keramikfabrik Keller & Guérin in Lunéville bei Nancy tätig. Mit Distel-Motiven paßte er sich der lothringischen Symbolik an [90], und seine Service mit Misteldekor sind bezeichnenderweise auch in Lunéville hergestellt. Es gibt von ihm variantenreiche Formen von Kaffee- (Farbtafel 21)

und Eßgeschirren mit prunkvollen Jardinièren und Bouquetièren als Tafelschmuck, alle mit Mistelzweigen und stilisierten Mistelblattbordüren in grüner Färbung auf bläulich weißem Grund geziert (vgl. den Tafelaufsatz

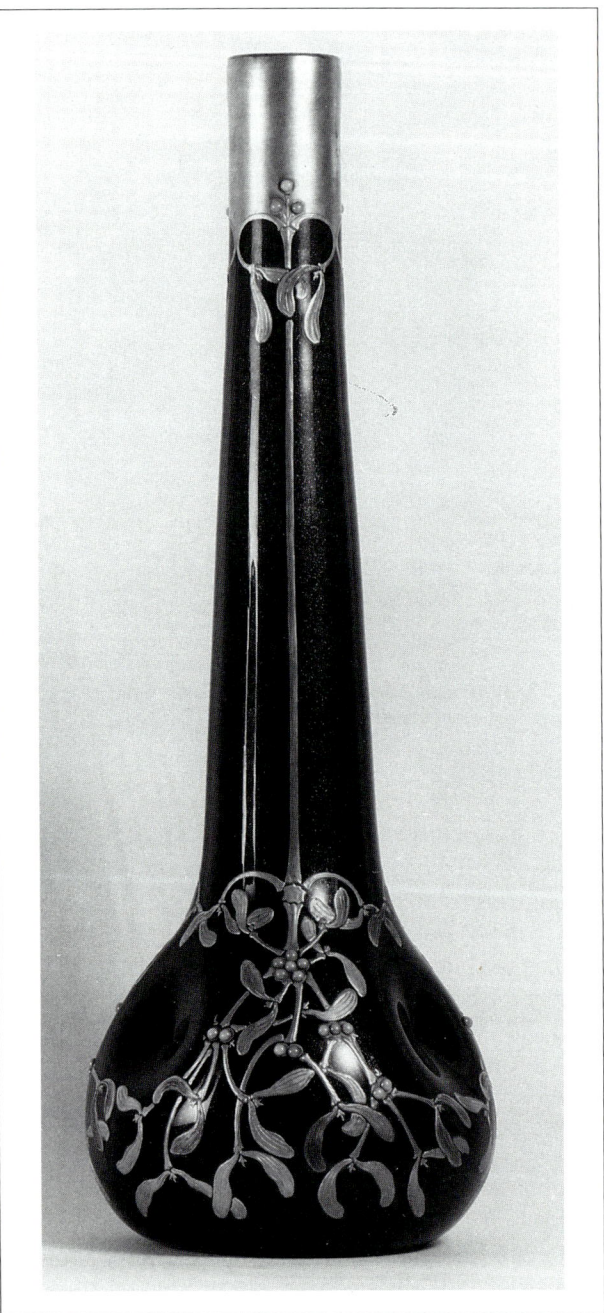

Abb. 61: Vase, Glas mit Golddekor, Mont-Joye & Cie, St. Denis, um 1900, ca. 50 cm

Abb. 62: Tafelaufsatz, Fayence, Entwurf Edmond Lachenal/Paris, Ausf. Fa. Keller & Guérin, Lunéville, um 1895, 27 cm und 14 cm

(Abb. 62) des Münchner Stadtmuseums[91]). Lachenal arbeitete nach 1900 gelegentlich auch für die Glasmanufaktur Daum Frères in Nancy. Aus dieser Produktion ist eine Glaskaraffe, optisch geblasen, mit Misteldekor in Emailmalerei bekannt (deutscher Privatbesitz).

Daß es in kleineren lothringischen Werkstätten weitere kunsthandwerkliche Objekte mit Misteldekor gibt, etwa auch in Metz, Schatullen und Kästchen (mit getriebenem Weichmetall/Zinn über Holz) sei am Rande vermerkt (Abb. 108).

Wie schon erwähnt, wurden für Glas- und Keramikgefäße Metallmontierungen oft an ganz anderen Orten ausgeführt, so auch für lothringische Manufakturen etwa in Deutschland und Frankreich (Paris). Zwei Beispiele geographisch noch weiter auseinanderliegender Entstehungsorte seien hier noch angeführt, weil es

sich in beiden Fällen um Metallmontierungen mit Mistelzweigen handelt, die vermutlich beide — aufgrund lothringischer Anregungen — in Paris angefertigt wurden: für eine farbig sehr reizvolle kleine Vase (Farbtafel 7), wahrscheinlich aus einer Glashütte des Böhmerwaldes (deutscher Privatbesitz)[92], eine böhmische Vase mit französischer Metallmontur einer Mistelranke im Münchner Stadtmuseum (Inv. Nr. K 71—395) und, noch extremer, für eine Schale aus algerischem Alabaster. Beide Objekte haben Montierungen, die im Design verwandt sind, aber auch der Eisenkugel von Edgar Brandt (Paris/Nancy) im durchbrochenen Mistelmuster nahestehen. (Da Algerien französische Kolonie war, liegt eine Ausführung in Paris um 1900 nahe.) Diese schöne helle Alabasterschale auf vergoldetem bronzenen Mistelfuß befindet sich in der Mineraliensammlung des Naturhistorischen Museums von Mdina auf Malta.

Kopenhagen

In Kopenhagen, einem alten Zentrum der Silber-
schmiedekunst, beginnt im Jugendstil eine Welle der
dekorativen Verwendung von Mistelsymbolen. Ein re-
präsentatives Schmuckstück stellt die große rechtecki-
ge Mistel-Silberbrosche von Erik Magnussen (1907) im
Kopenhagener Kunstgewerbemuseum dar (Inv. Nr. A
13/1907). Die bekannten Kopenhagener Firmen, A. Michelsen, F. S. Heimbürger, M. Benzen und Evald Niel-
sen stehen den Pariser Aktivitäten kaum nach. Man findet sie auf Broschen, Armbändern (Abb. 63), Schmuck-
Kämmen (Abb. 64), Bechern, Vasen, Pokalen und Bestecken. Bei den Tafelbestecken unterscheidet man
hauptsächlich zwischen dem Motiv der „gebundenen
Mistel" (Abb. 65/66) und dem den Rand des Besteck-
griffs überlappenden „ungebundenen Mistel" (Abb.
67/68/70/71). Im allgemeinen werden die Mistelzweige, -blätter und -beeren, dem nordischen Geschmack
entsprechend, weniger zierlich und unruhig wie bei
den französischen Dekoren gezeichnet (Abb. 69). Sie
erscheinen in den Kopenhagener Silberarbeiten fester,
kräftiger, ruhiger und wie an den Besteckgriffen von
Heimbürger dichter geflochten, wie in Erinnerung an
altnordische Band- und Flechtornamente der Wikin-
gerzeit.

Die Besteckfabrik Fritz Sophus Heimbürger brachte
mindestens fünfzig verschiedene Varianten von Be-

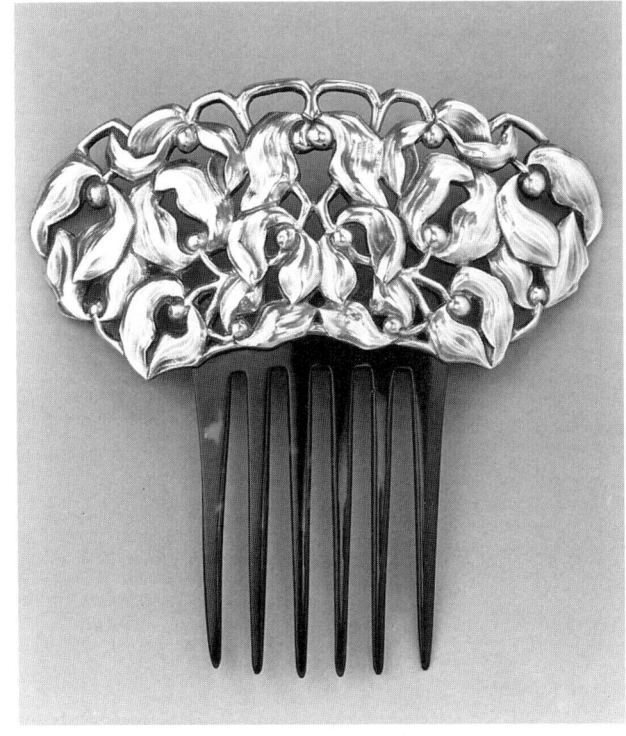

Abb. 64: Steckkamm, Horn, Silber, Kopenhagen, um 1900

steckformen heraus: vom Kinderschieber bis zum Flaschenöffner (Abb. 70), von Austerngabeln und Fischbe-
stecken (Abb. 71) bis zu Teesieben, Löffeln, Gabeln und

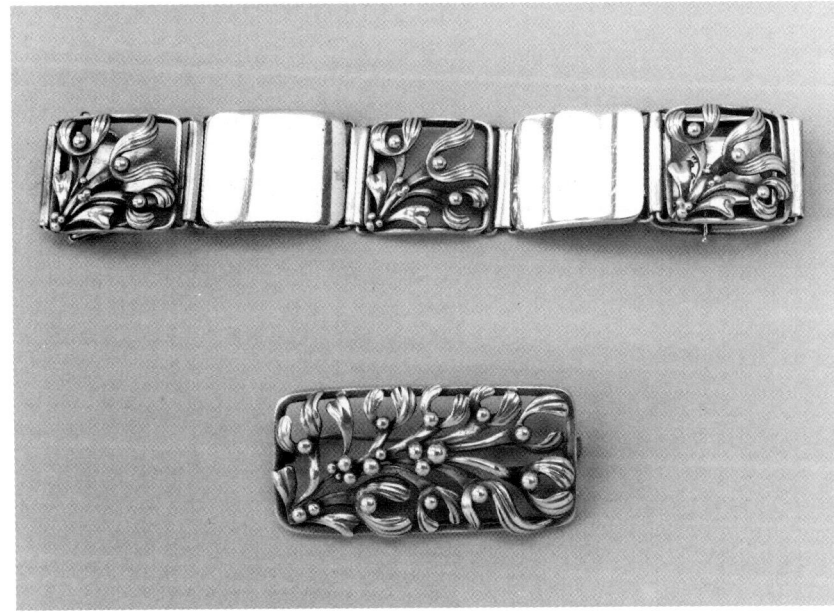

Abb. 63: Armband und Brosche, Silber,
Meisterzeichen J. P., Kopenhagen, um 1910

Abb. 65: Löffel und Heber, Silber, C. J. Moinichen, Silberschmiede in Kopenhagen, 1913, 1915, K. C. Hermann und Hubert Larsen, Kopenhagen, 1920

Messern aller Größen und Bestimmungen. Unter den Gefäßen ragen Prunkpokale und becherartige Vasen heraus. Der Reliefdekor einer solchen, 23 cm hohen Silbervase (Abb. 72) von Benzen zeigt großförmige Mistelzweige mit lappigen Blättern, die den ganzen Gefäßkörper umgreifen. Ein gleichgroßer Silberpokal (Abb. 73) von A. Michelsen ist demgegenüber streng stilisiert. Drei symmetrisch angeordnete Misteläste tragen die Kuppa. Ein anderes Aufgabengebiet der Silberfabrikanten betraf Montierungen für die Porzellanvasen der Kgl. Porzellanmanufaktur Kopenhagen. Ein besonders schönes Exemplar ist die zartblaue Vase mit der Darstellung einer Christrose in matter Unterglasurmalerei (Farbtafel 3). Ihr wurde 1909 für den oberen Abschluß eine Silbermontierung von A. Michelsen[93] angepaßt, die netzartig z. T. tief herabhängende Mistel-

zweige derartig anordnet, daß sie auf der Hauptschauseite die aufragende Blüte der Christrose umrahmen. Damit werden zwei Symbole der Weihnachts- (Jul-) und Neujahrszeit vereinigt, die Christrose und die Mistel (vgl. in diesem Text das Kap. „Die Mistel als Glücksbringer…"). Aus der Porzellan-Manufaktur Bing & Gröndahl Kopenhagen stammen ein Tintenfaß (Abb. 74) und eine Briefmarkendose mit Misteldekor der Sammlung Citroën im Hessischen Landesmuseum Darmstadt. In Unterglasurmalerei sind die grünen Misteln mit weißen Beeren auf der Schale des Tintenfasses annähernd symmetrisch, auf dem Deckel und der Briefmarkendose frei angeordnet, nach einem Entwurf von Jens Dahl-Jensen[94]. Aus der Kgl. Porzellanmanufaktur Kopenhagen ist uns bisher nur eine Vase mit Misteldekor bekannt (deutscher Privatbesitz).

Abb. 66: Löffel und Austerngabel, Silber, von C. J. Moinichen, Kopenhagen, 1912 bis 1922

Die gleiche Manufaktur brachte 1981 eine Neujahrsglocke (Abb. 75) heraus, die zwischen dem Grundriß und einer Ansicht des schwedischen Doms von Uppsala in Goldmalerei schabloniert leicht vertiefte Mistelzweige in Dunkelblau auf Hellblau zeigt. Am unteren Rand läuft ein Schriftband entlang: „Ring out wild Bells. Ring out the Old. Ring in the New". Mit dieser dänischen Glocke (mit schwedischem Kirchenmotiv und englischer Umschrift) betreten wir das Gebiet der neuzeitlichen Jahresgaben mit Mistelsinnbildern. Ihr sind auch die Jul-Löffel, begehrte Sammelobjekte, zuzurechnen. Ein solcher kurzstieliger Silberlöffel von A. Michelsen mit dem Datum 1933 weist neben einer Mistelranke am Griff auch die dekorativen Buchstaben des Wortes „JUL" auf (Abb. 76). Zum hundertjährigen Firmenjubiläum 1941 ließ Michelsen ein Besteckpaar (Löffel und Gabel) (Abb. 77) besonders aufwendig formen. Die in vergoldetem Silber ausgeführten größeren

Bestecke haben Griffe aus je zwölf Mistelblättern an Gabelzweigen mit vier weiß emaillierten Beeren.

Im Stil lehnen sich diese Misteldarstellungen strengerer Strukturierung an einen silbernen Mistelschmuck von A. Michelsen aus den zwanziger Jahren an. Er besteht aus einer Brosche und einem Paar Ohrclips (Abb. 78). Die paarigen Mistelblätter sind feingerippt und von länglich-schlanker Form mit kleinen polierten Silberperlen als Beeren (Privatbesitz).

Zu den Weihnachtsjahresgaben mit Misteldekor kann auch das Präsent der alten Pariser Silberwarenfirma Christofle (St. Denis) für 1985 gezählt werden: ein kleiner metallner Mistelzweig in modernem Design, zweischichtig ausgeschnitten, silbrig glänzend, an einem herzförmigen Aufhänger befestigt (Abb. 79).

Abb. 67: Petits Fours Heber, Teesieb, Silber, F. S. Heimbürger, Kopenhagen, 1913–1931

Wien

In Wien, dem Zentrum des österreichischen Jugendstils, treten nur vereinzelte Misteldekore auf. Ein Silberleuchter, 1898 vom Atelier Georg Anton Scheidt ausgeführt, ist mit zart grün emailliertem frei angelegten Mistelblättern am Fuß und an der Tülle des Kerzenhalters geschmückt. In seiner strengen Zeichnung entspricht er der Linie der Wiener Secession [95].

Aus der gleichen Werkstatt stammen zwei von Koloman Moser entworfene, dreieckige Pillendosen (Abb. 80). Die silbernen, innen vergoldeten Dosen tragen auf dem Deckel verschieden ausgeführte Mistelmuster in transluzidem Email. Auch sie repräsentierten die elegante, aber geometrisch-herbe Note der Wiener Stilkunst um 1900.

In der bekannten Glasmanufaktur J. & L. Lobmeyr Wien wurden 1901 zwei Glasobjekte mit Misteln hergestellt, eine kleine flache Schale [96] und eine Vase (Firmenmuseum, Wien) mit einem geätzten Mistelzweig dekoriert.

Aus den Glashütten des Böhmerwaldes stammen auch eine dunkelrot grünlich lüstrierte Deckeldose (Farbtafel 18c) mit zart reliefiertem silbernem Mistel-

Abb. 68: Vorlegegabeln, Buttermesser, Silber, F. S. Heimbürger, Kopenhagen, 1919—1930

Abb. 69: Schale, Zinn versilbert, Kopenhagen, um 1910

zweig auf dem Deckel sowie ein blauer Glasflakon (Farbtafel 8) mit leicht stilisiert vereinfachtem silbernem Misteldekor auf Gefäß und Stöpsel, beide von reizvoller Qualität.

Das Kunsthandwerk Prags läßt im Jugendstil einerseits Einflüsse von Wien erkennen, andererseits richtete es sich bewußt nach französischen Vorbildern. Letzteres dürfte auch für die Mistel-Broschen des Prager Goldschmieds Emanuel Novak zutreffen, die in Silber mit grünem transluziden Email die Blätter und Beeren der Kreisform einpassen (Kunstgewerbemuseum Prag)[971].

Abb. 70: Flaschenöffner, Silber, F. S. Heimbürger, Kopenhagen, 1921

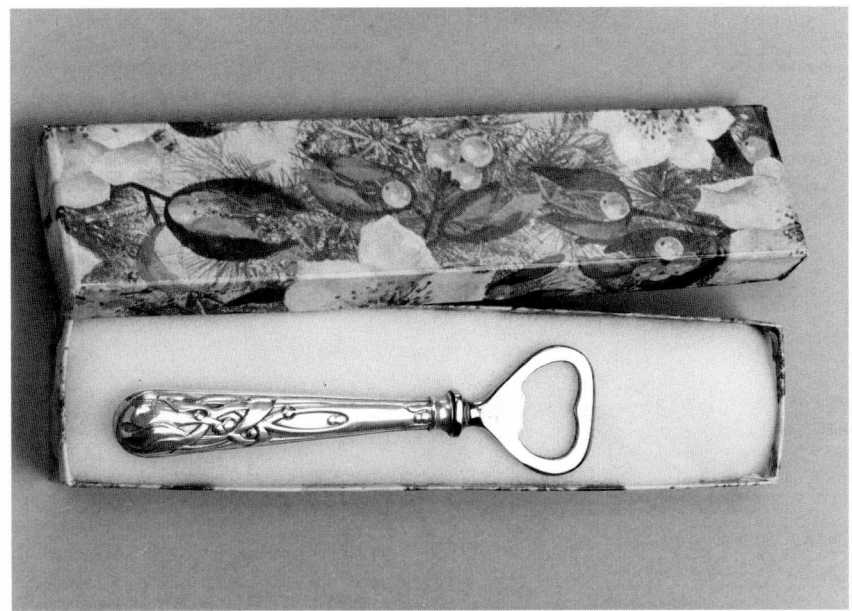

Abb. 71: Fischbesteck, Silber, F. S. Heimbürger, Kopenhagen, 1915/18

Abb. 72: Becherförmige Vase, Silber, M. Benzen, Kopenhagen, 1903

Abb. 73: Pokal, Silber, A. Michelsen, Kopenhagen, 1904

Abb. 75: Weihnachtsglocke, Porzellan, Bing & Gröndahl, Kopenhagen, 1981

Abb. 74: Tintenfaß mit Federschale, Porzellan, Entw. Jens Dahl-Jensen, Ausf. Bing & Gröndahl, Kopenhagen, um 1900

Abb. 76: Jul-Löffel, Silber, Kopenhagen 1933, 1934

Abb. 77: Julbestecke, Silber vergoldet mit Email, A. Michelsen, Kopenhagen, 1918 und 1941

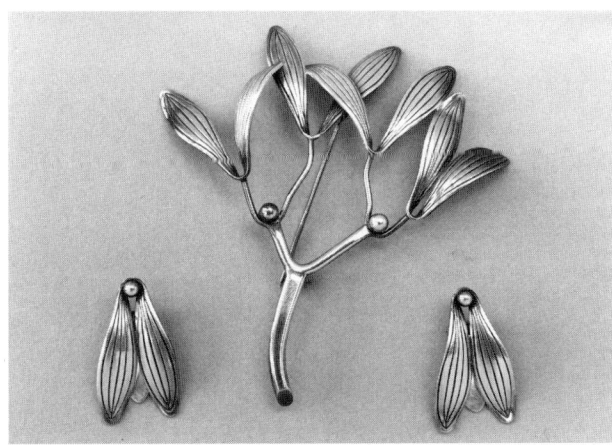

Abb. 78: Brosche und Ohrclips, Silber, A. Michelsen, Kopenhagen, um 1920

Abb. 79: Mistelzweig, Jahresgabe der Fa. Christofle-Orfèvre, Paris 1985, Metall

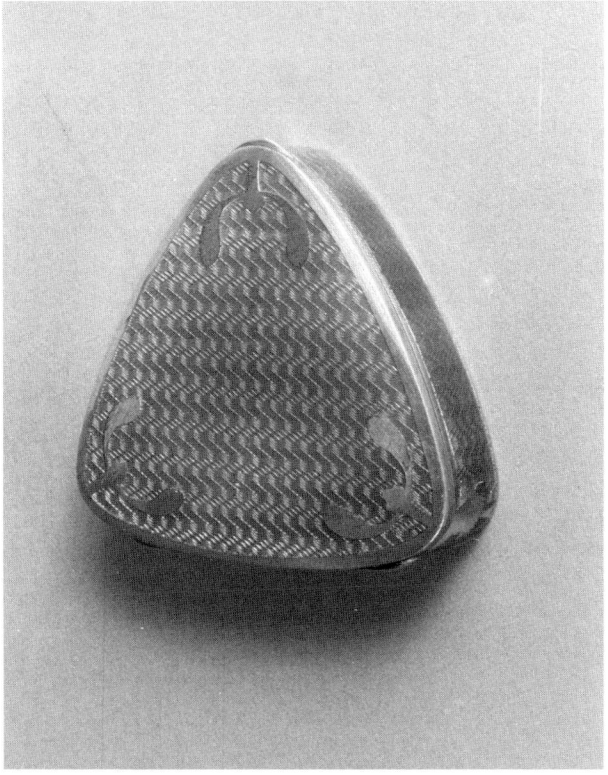

Abb. 80 a und b: Zwei Pillendosen, Silber vergoldet, Transluzidemail, Entw. Koloman Moser, Ausf. Fa. Adam Scheidt, Wien, um 1900

Deutschland

Innerhalb der Bestrebungen, durch Naturbeobachtung zu einer Erneuerung der Ornamentik zu kommen, steht der aus der Schweiz stammende, in München wirkende Eduard von Berlepsch-Valendas neben Hermann Obrist und anderen in vorderster Linie. 1902 veröffentlichte er in der Zeitschrift „Innendekoration" einen Aufsatz über H. Kirchmayrs Mistelstudien für Raumkunst und Ausstattungsobjekte [98], der sicher auf das Kunsthandwerk in Deutschland anregend wirkte. So werden

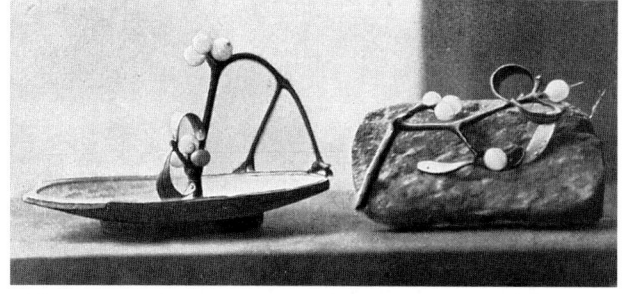

Abb. 83: Metallschale und Briefbeschwerer, Hermann Kirchmayr, Silz (Tirol), 1901

Abb. 81: Wand-Uhr, Eisen geschnitten, Hermann Kirchmayr, Silz (Tirol), 1901

Abb. 84: Durchbrochenes Schnitzwerk (Detail eines Wandschranks), Hermann Kirchmayr, Silz (Tirol), 1901

Abb. 82: Mistelstudie an der lebenden Pflanze, Hermann Kirchmayr, Silz (Tirol), 1901

Abb. 85: Durchbrochenes Flachschnitzwerk für Interieur, Hermann Kirchmayr, Silz (Tirol), 1901

in der Zeitschrift für Kunst und Handwerk (1904)[99] schmiedeeiserne Türbeschläge (Abb. 81) nach Entwürfen von Heinrich Wildhagen, ausgeführt in der Werkstatt von Karl Wildhagen in München, abgebildet, die aus Mistelzweigen gebildet sind. Sie illustrieren eine interessante Synthese aus Naturbeobachtung und flächenhafter Stilisierung.

Aus dem Atelier des Münchner „Hofsilberarbeiters" Eduard Wollenweber stammt eine silberne Obstschale mit welligem Rand und hohem Fuß (Farbtafel 9). Freigearbeitete Stengel und straffe Mistelblätter mit Beerenkugeln umfassen die Grundform der Schale (Starnberger Privatbesitz). Sehr ähnlich in der Stilisierung und im Gesamtdesign mit den sich kreuzenden Mistelblättern ist ein Leuchterpaar der Silberwarenfirma Wilkens & Söhne in Bremen (Farbtafel 9). Die fünfflammigen Leuchter, 1905 datiert, 58 cm hoch, also von ansehnlicher Größe, könnten vom gleichen Künstler entworfen sein wie die Münchner Wollenweber-Schale (Privatbesitz). Auch die Münchner Goldschmiede L. Mercy und Eduard Schöpflich schufen Broschen mit Mistelmotiven (abgebildet in der Zeitschrift „Kunst und Handwerk", 1906/07, Abb.-Nr. 356 und 357 sowie 1912, Abb. 545).

Zu erwähnen wäre ferner ein kleines silbernes Zierkörbchen (Farbtafel 20) deutscher Herkunft mit durchbrochener Wandung, die ganz aus Mistelzweigen gebildet wird. Hier erinnert die Lebhaftigkeit der Blätterranken an französische Muster (Privatbesitz). Dagegen erscheint ein Anhänger (Abb. 89) des Hanauer Goldschmieds Otto Weber[100], ein Goldguß mit grünem transluzidem Email für die Blätter und mit Perlen für die

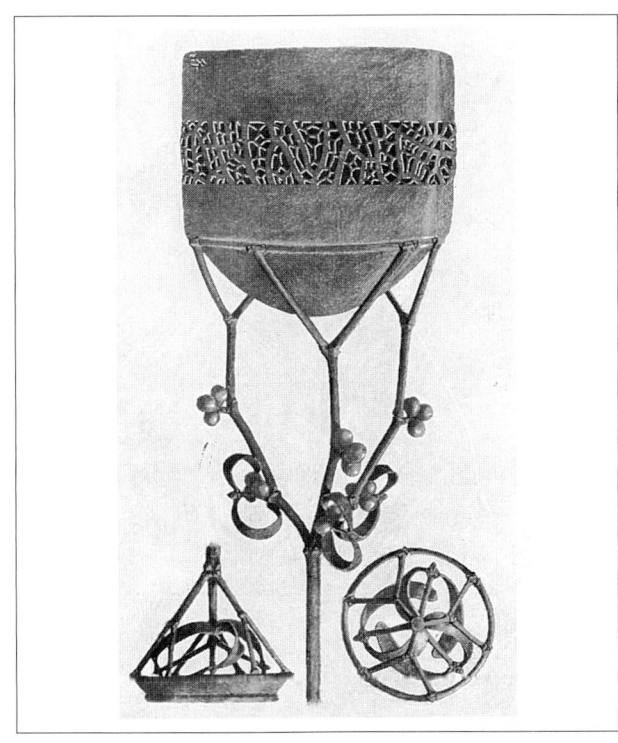

Abb. 87: Beleuchtungskörper, Hermann Kirchmayr, Silz (Tirol), 1901

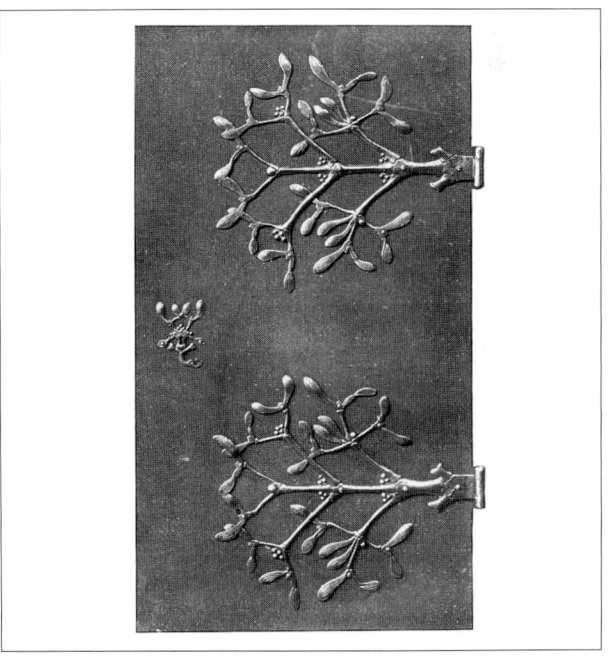

Abb. 86: Flachschnitzerei (Details für Wandschrank), Tragbalken und Wandfries, Hermann Kirchmayr, Silz (Tirol), 1901

Abb. 88: Schmiedeeiserne Beschläge, Entw. Heinrich Wildhagen, Ausf. Karl Wildhagen, München, 1904

Abb. 89: Anhänger, Goldguß mit grünem Fensteremail, Perlen, Rubinen, Diamanten, Fa. Otto Weber, Hanau, um 1900

Beeren (sowie mit Rubinen und Diamanten geschmückt) als strengere Stilisierung der Mistel. Sie bildet ein symmetrisch-kurvig komponiertes Ornament. Von ihr existiert eine schlichtere Variante gleicher Grundform (Privatbesitz, Abb. 90).

Im Zentrum der deutschen Schmuckindustrie in Pforzheim wurden um 1900 mehrere Goldschmiede tätig, um Mistelbroschen und -anhänger auszuführen, von denen einige im dortigen Schmuckmuseum gesammelt wurden, so von den Meistern und Firmen Georg Kolb (Brosche (Abb. 91) in Form eines naturalistischen Mistelzweigs mit Perlen[101] , F. Zerrenner (Anhänger (Abb. 92), Zweige in Herzform) und Wild & Co. (Brosche (Abb. 93) mit Mädchenkopf). — Bei deutschen Porzellanherstellern ist Misteldekor selten anzutreffen. In der Kgl. Porzellanmanufaktur Berlin wurde 1911 ein Teller mit Randverzierung in rokokohaftem Goldbiscuit ausgeführt, der im Spiegel mehrere übereinandergestreute Mistelzweige in Aufglasurmalerei zeigt. Er gehört offensichtlich zu einem Paar von Weihnachtstellern, deren Pendant mit Stechpalmen geschmückt ist.[102] Die Keramikmanufaktur Villeroy und Boch (Hauptsitz in

Abb. 90: Kette mit Anhänger, Silberguß mit grünem Fensteremail, Fa. Otto Weber, Hanau, um 1900

Abb. 91: Brosche, Silber mit Perlen, Georg Kolb, Pforzheim, um 1900

Abb. 92: Anhänger, Silber vergoldet, F. Zerrenner, Pforzheim, um 1900

Abb. 93: Brosche mit Mädchenkopf, Gold, Perlen, Fa. Wild & Co., Pforzheim, um 1900

Abb. 95: Kaffeetäßchen, Porzellan, Schlaggenwald, 1936

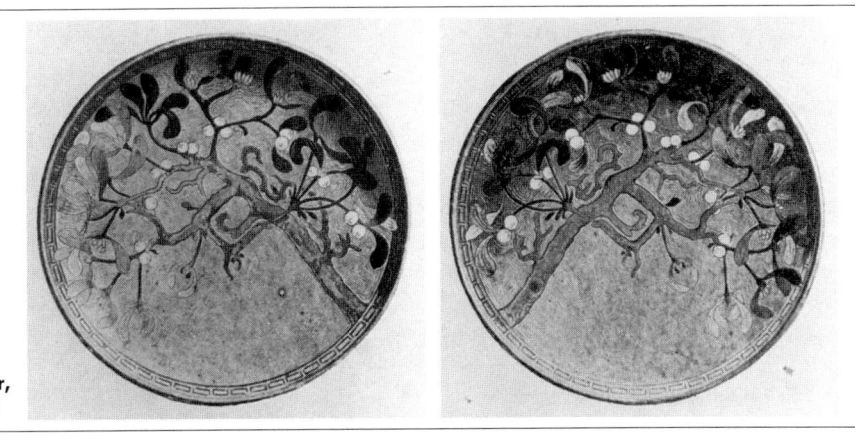

Abb. 94 a und b: 2 Weihnachtsteller, Fayence, Villeroy & Boch, Mettlach, 1901

Abb. 96: Brosche, Gold, Brillanten, Perlen, Elfenbein, Angelika Reis, Pforzheim, 1983

Abb. 98: Brosche, Gold mit Perlen, Margot Mämecke, Heidelberg, 1982
Hutnadel, Silber mit Perlen, Christine Bruhn, Pforzheim, 1983

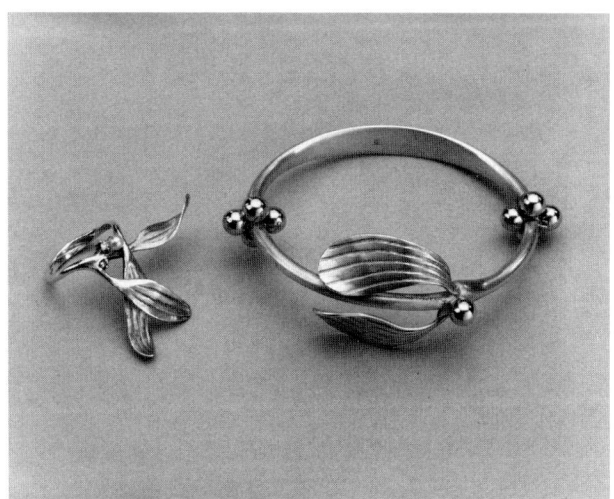

Abb. 97: Fingerring, Silber, teilvergoldet, Birgit Meny, Pforzheim, 1983; **Armreif,** Silber, teilvergoldet, Erika Wittmann, Pforzheim, 1983

Mettlach/Saar) stellte um 1901 ein Paar von Fayence-Schmucktellern her, dekoriert mit buschigen Mistel-zweigen in einer für den Jugendstil charakteristischen japanisierenden Manier, farbig und — bei gleichem Design — spiegelbildlich verschieden (Abb. 94a–94b).

Bei volkstümlichen thüringischen Porzellanen der Jugendstilzeit trafen wir allenfalls vereinzelt auf Mistel-dekore (Abb. 95)[103]. Die Firma Lorenz Hutschenreuther in Selb (Nordbayern) führte unter anderen Porzellan-tieren vor 1914 einen Kauz des Modelleurs und Direktors der Keramik-Fachschule Selb, Prof. Fritz Klee, aus, der auf einem goldgerandeten Mistelzweig sitzt (Farbtafel 11). Mit seiner Hilfe wird der Sockel für den Vogel leb-haft strukturiert (Privatbesitz).

In den zwanziger Jahren führte ein Münchner Goldschmied eine Anstecknadel (vgl. Abb. 30) in Form

Abb. 99: Salatlöffel,
Silber, teilvergoldet,
Tayantha Dharmatasa,
Pforzheim, 1983

Abb. 100: Glasvase (1920) **mit Mistelzweig,** Silber mit Perlen, Cornelia Trebbin, München, 1985, Gesamthöhe 15 cm

Abb. 101: Spiegel, Fayence, Gabriele Ott-Boettinghaus, München, 1984

eines schlanken goldenen Mistelzweigs aus, dessen Beeren aus Platin auf kleinen Smaragden gebildet wurden, ein Unikat wie manche neueren Schmuckstücke und Objekte mit Misteln aus der Goldschmiedeschule Pforzheim (nach Entwürfen von Petra Keller, Christine Bruhn, Birgit Meny, Angelika Reis, Evi Thijs, Erika Wittmann), Margot Mämecke, Heidelberg (Abb. 96—99), und der silberne Mistelzweig mit Perlen als Beeren der Münchner Goldschmiedin Cornelia Trebbin (Abb. 100) von 1985, naturnah und grazil.

Die Münchner Keramikerin Gabriele Ott-Boettinghaus, ehemalige Schülerin von Max Laeuger, formte in den letzten Jahren mehrere Objekte mit Misteldekoren: Teller, Dosen, Spiegel (Abb. 101), Wandteller usw. in verschiedenen Glasurfarben, fast immer mit grünen Blättern und mit weißen Beeren auf andersfarbigem, kontrastierendem Untergrund.

England

Aus England befinden sich in den Sammlungen des europäischen Festlands seltsamerweise nur wenige Objekte mit Misteldekoren, obwohl dort die glückver-

heißende Pflanze seit langem besonders beliebt ist. Einige Vasen der Glashütte Stevens & Williams (Abb. 102) (nahe Stourbridge, Mittelengland), die seit 1847 besteht, weisen auf gedrehten Jugendstilwandungen geätzte Mistelzweige in Goldhöhung auf lüstriertem Grund auf (ein Exemplar in englischem Privatbesitz, das andere gleichen Dekors im Münchner Stadtmuseum)[104]. Ein silberner Teelöffel mit Holly und Mistletoe (Stechpalme und Mistel) (vgl. Abb. 52) am Griff scheint zu ähnlichen Jahresschluß- und Weihnachtsgaben zu gehören wie die Fayence- und Porzellan-Teller mit entsprechendem Randschmuck und Winterbildern im Spiegel. (Ein solcher englischer Porzellan-

Abb. 103: Weihnachtsteller, Porzellan, Aynsley, 1982

Abb. 102: Vase, Glashütte Stevens & Williams

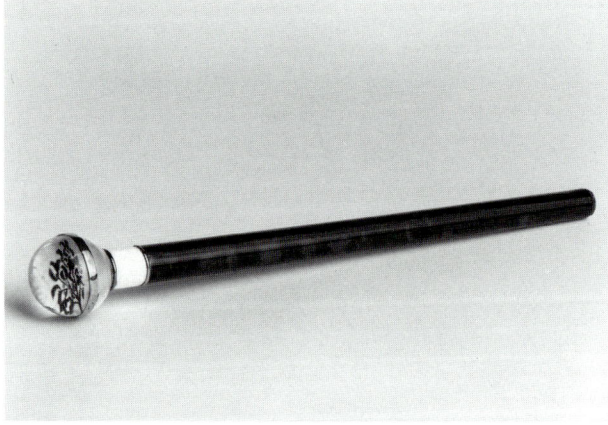

Abb. 104: Stock, mit Stockgriff aus Bergkristall, darin Mistelzweig, England, um 1900

Abb. 105: Zierknöpfe, Silber, Birmingham (Meisterzeichen L&S), 1902; **Manschettenknöpfe,** Silber, Frankreich, um 1900

Abb. 107: Brosche, Silber mit Markasit, England, um 1898

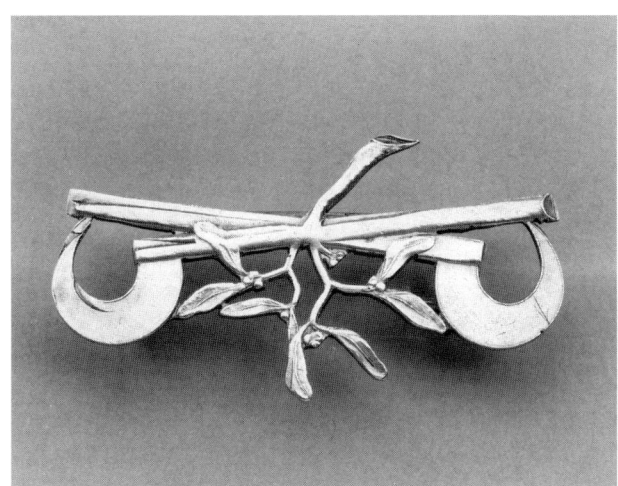

Abb. 106: Gürtelschließe mit Druidensicheln, Silber, England, um 1900

Teller der Firma Aynsley, gegr. 1775, „Christmas 1982" in Privatbesitz.) (Abb. 103).

Als besondere Seltenheit darf ein Stockgriff englischer Herkunft gelten. Auf einem Schildpattstiel sitzt über einer weißen gerippten Glasmanschette eine Bergkristallkugel mit einer Einlage aus einem buschigen zierlichen Mistelzweig mit grünen Blättern und kleinen weißen Beeren-Perlen (Abb. 104).

Es gibt auch feineres englisches Knochen-Porzellan („China") mit zierlichem Misteldekor wie das Kaffee-Service mit grün staffiertem gewellten Rand der Manufaktur Copeland (Stoke-on-Trent, gegr. 1833) vom Ende des 19. Jahrhunderts. (Einzelteile in deutschem Privatbesitz.) (Farbtafel 20a). An kleineren englischen Metallarbeiten fallen vor allem variationsreiche Zierknöpfe

Abb. 108: Spielkartenbehälter, Holz und Zinn mit Glasflüssen, Lothringen, um 1900

(Abb. 105) und Gürtelschnallen aus Silber auf. Bei den Knöpfen (Farbtafel 19b) stellen geschlossene Scheiben mit feinen grünen Mistelzweig-Emaileinlagen den einen Pol der Möglichkeiten dar, durchbrochen gearbeitete Zweigrosetten den anderen (in deutschem Privatbesitz). Unter den Gürtelschnallen sticht eine strenger gezeichnete mit Zweigen und gekreuzten „Druidensicheln" als mythisches Emblem hervor (Abb. 106).

Auch Schmuck mit Misteldarstellungen wurde in England ausgeführt. Zu nennen wäre eine goldene Brosche (Farbtafel 19c) (deutscher Privatbesitz) mit Dia-

manten und Perlen und eine in der Form eines Zweiges mit ebenfalls grünen Mistelblättern in Email auf Silber (mit weißen Glasflußperlen fast naturalistisch gestaltet), von der zwei Exemplare nachweisbar sind, sowie eine Silberbrosche von Charles Horner (Farbtafel 12).

Ferner gibt es Varianten englischer Silberbroschen mit glitzernden Markasitsteinen (Abb. 107) besetzt[105], die sehr kostbar wirken. Ansonsten haben sich die englischen Zeichner in der erfindungsreichen Gestaltung von graphischen Darstellungen und Glückwunschkarten seit der Zeit des ausgehenden 19. Jahrhunderts bis heute bewährt.

Abb. 109: Zigarrenkasten mit Druidenpriesterin, Holz, Zinn, versilbert, Deutschland, um 1900

Abb. 110 (oben links): Flakon, Mattglas mit Zinndekor, Lothringen, um 1900, 15,5 cm

Abb. 111 (oben rechts): Broschen und Anhänger, Silber, teils vergoldet, Frankreich, um 1900

Abb. 112: Ketten und Brosche, Silber, teils vergoldet, Perlen, Frankreich, um 1900

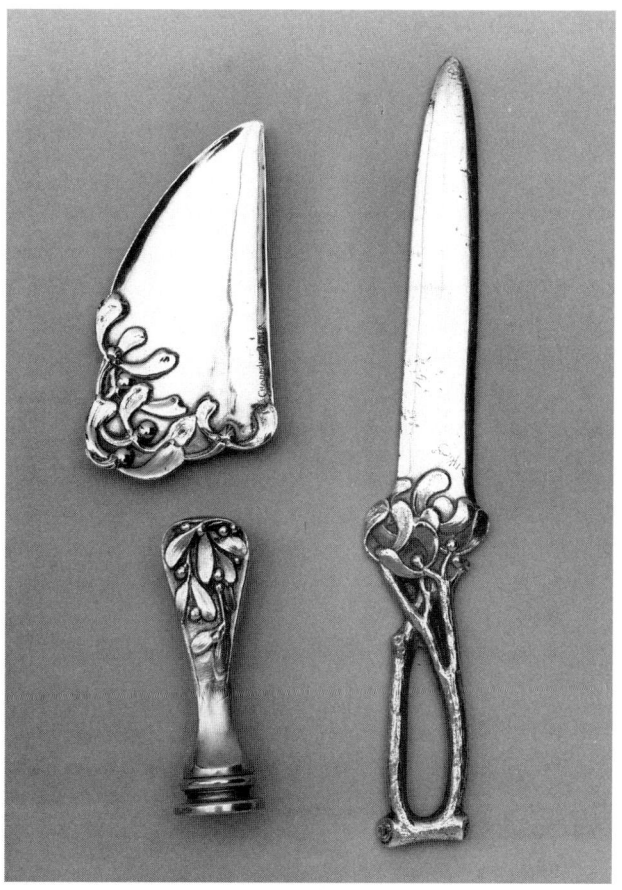

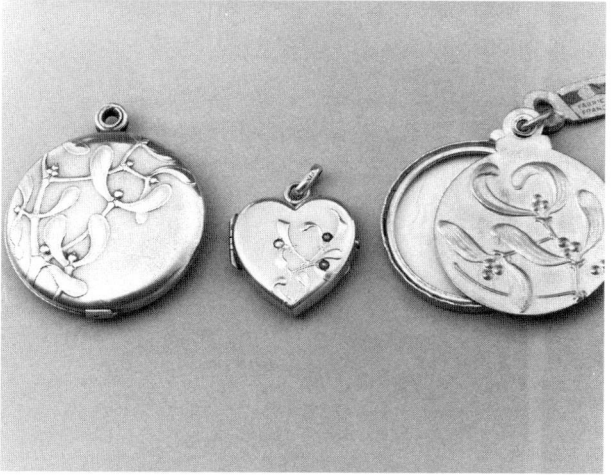

Abb. 115: Anhänger in Herz- und Medaillonform, Silber, Gold, Frankreich, um 1900

Abb. 113: Aschenbecher, Petschaft und Brieföffner, feuervergoldete Bronze, Chapelle-Bauer und D. Alonzo, Frankreich, um 1900

Abb. 114: Schale, Zinn, Belgien, um 1900, 33 cm

Abb. 116: Pillendosen, Silber, teilvergoldet, Paris, um 1900

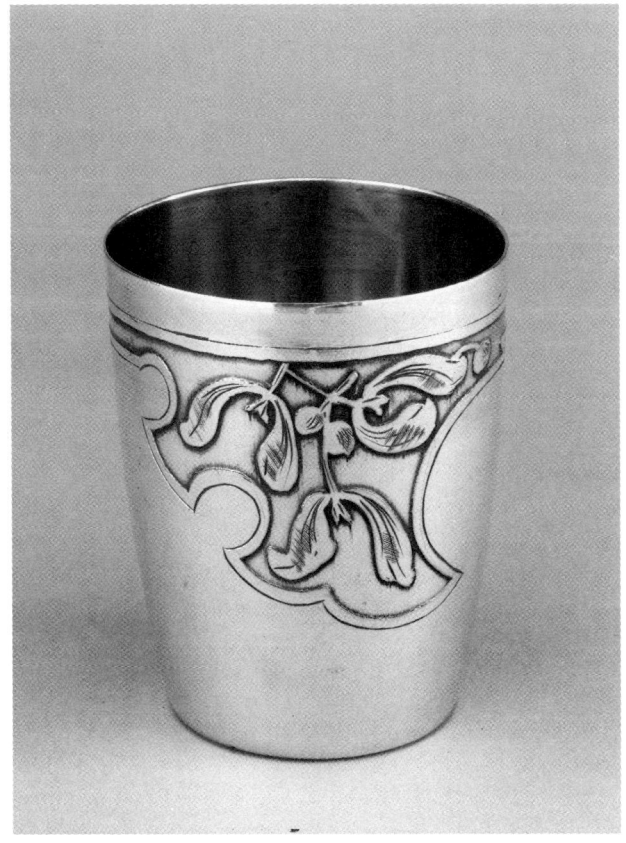

Abb. 117 (oben links): Anhänger, Gold mit Perle, deutsch;
Krawattennadel, Gold, Frankreich; um 1900

Abb. 118 (unten links): Anhänger, Gold, Perlen, deutsch, um 1900

Abb. 119 (oben rechts): Becher, versilbert, Meistermarke C&F,
Deutschland, um 1900, 7,7 cm

Abb. 120:
Apothekengefäß
„Visc. Querc.",
Porzellan, Paulus &
Thewald, Höhr-
Grenzhausen,
19. Jh., Nach-
bildung, 25,5 cm

Abb. 121: Zigarettendose, Glas, Messing, Email, Wien, um 1900

Abb. 122 a – d: Französische Postkartenserie (4 Varianten aus einer 6teiligen Serie)

(122a: Es ist das kostbarste Andenken, das man zu Neujahr schenken kann)

(122b: Es gibt kein anderes Geschenk, das an die Mistel zu Neujahr heranreicht)

(122c: Den Stürmen die Stirne bieten um Freunde unter die Füße zu streuen)

(122d: In Ihr Haus zieht heute mit der Mistel das Glück ein)

Abb. 123: Titelblatt der Weihnachtsausgabe der Zeitschrift „L'Illustration", Frankreich, 1902

Abb. 124: Weihnachtskarte, französisch

Abb. 125: Postkarte, Wer im Hause Misteln aufhängt, wird heute Glück haben

Abb. 126: Postkarte, französisch

Abb. 127: Glückwunschkarte, französisch, Paris, 1900, handcoloriert
(Mögen diese schönen Blumen zu Ihrem Herzen sprechen, für Sie ausgewählt, um Ihnen Glück zu bringen)

Abb. 128: Postkarte, französisch

Abb. 129: Postkarte, französisch   **Abb. 130: Postkarte, französisch**   **Abb. 131: Postkarte, französisch,** um 1920

Abb. 132: Postkarte, französisch   **Abb. 133: Postkarte, französisch**   **Abb. 134: Postkarte, englisch,** um 1910

Abb. 135: Postkarte, englisch, nach Zeichnung von A. Forestier, 1903

Abb. 136: Postkarte, englisch

Abb. 137: Postkarte, englisch

Abb. 138: Postkarte, amerikanisch

Abb. 139: Postkarte, belgisch

Abb. 140: Postkarte, deutsch, 1903

Abb. 141: Postkarte, deutsch, um 1900

Abb. 142: Postkarte, deutsch, um 1905

Abb. 143: Postkarte, Wien, 1913   **Abb. 144: Postkarte, Wien,** 1915   **Abb. 145: Postkarte der Wiener Werkstätte,** Nr. 484

Abb. 146 a und b: Postkarten, Wien, um 1905

Abb. 147: Glückwunschkarten zur Hochzeit, K. u. K. Österreich

Abb. 148: Kalenderbild mit Spruch

Die Mistel

Ich wachse, wenn die Sonne scheint
und wenn es friert und schneit,
ich grüne über Sommer
und in der Winterszeit,
gerade wie die Liebe,
die blühet allezeit
und wächst aus heller Freude
wie aus dem tiefsten Leid.

Abb. 149: Ersttagsbrief mit Mistelbriefmarke und Stempel, Schweiz 1974

Abb. 150: Etikett eines in Frankreich vertriebenen Bieres mit einem Druidenpriester, der eine Mistel schneidet

Abb. 151: Titelblatt aus der französischen Zeitschrift: La Hulotte (1981) in der in Comic Art der Lebenszyklus der Mistel beschrieben wird

Abb. 152: Miraculix, aus: Asterix der Gallier, Bd. I, Stuttgart, 1968, beim Fertigen des Mistelsuds

Anmerkungen

[1] J. Troels-Smith: Ivy, Mistletoe ans Elm. Climate Indicators — Fodder Plants. Danmarks Geologiske Undersøgelse IV/4 (4) 1960.

[2] G. P. Plinius Secundus d. Ä. Naturalis Historiae Libri 37, Hsg. L. Jahn u. K. Mayhoff. Leipzig 1865 – 1906, 5 Bde., Neudruck Stuttgart 1966 – 70; G. P. Plinius Sec. Naturgeschichte. Deutsche Übersetzung. Bearb. u. Hsg. M. E. D. L. Strack. Bremen 1863 – 65, 3 Bde. Nachdruck Darmstadt 1968.

[3] Karl Frh. von Tubeuf: Monographie der Mistel. München u. Berlin 1923, S. 19, deutsche Übersetzung des Pliniustextes.

[4] K. v. Tubeuf, op. cit., Abb. S. 19.

[5] J. H. Gueguen: „Le Gui". Diss. Univ. Occid. Brest, 1984. Masch.Mscr., 393 S.

[6] H. P. Motte (Paris 1846 – 1922), Historien- und Landschaftsmaler, Architekt, Schüler des Salon-Malers Gérome; 1900 mit einer Bronzemedaille ausgezeichnet, vgl. E. Bénézit, dictionaire critique et documentaire des peintres, sculpteurs, dessinateurs et graveurs. Nouv. Edition, 8 Bände, Saint-Quen 1966.

[7] Zur Datierung: das uns vorliegende Exemplar der Postkartenserie zum größten Teil von Pariser Postämtern 1908 gestempelt.

[8] Deutsche Ausgabe, Delta Verlag, Stuttgart 1968.

[9] Alfred Gulden: Mistel und Miraculix. An lothringischen Straßen. In: Saarbrücker Zeitung, Feuilleton Nr. 293, 18./19. Dez. 1982.

[10] Auch in der seriösen Literatur finden sich Ausgestaltungen des Mistelkults bei den keltischen Druiden. Dafür sei auf die Monographie über den Hl. Liborius von Ed. Stakemeier: Liborius. Geschichte und Legende, Paderborn 1952, S. 25/26, verwiesen, aus der folgende Schilderung zitiert sei: „Als Liborius sein bischöfliches Amt antrat, hatte das Christentum in Le Mans schon festen Fuß gefaßt, und die völlige Christianisierung der Stadt war vielleicht das schönste Ergebnis seines Episkopates. Dagegen behaupteten sich in den weiten Landgebieten das alte keltische Heidentum und die Reste des Druidenkultes. Die Opferfeste der Druiden waren von starker Wirkung auf die Sinne. Zur Zeit der Wintersonnenwende zog das Volk in feierlicher Prozession in den Eichenhain, um die heilige Mistel einzuholen. Singende Männer, das Schwert in der Hand, eröffneten den Zug. Ihnen folgten festlich gekleidete Mädchen, die ebenfalls den Göttern heilige Lieder sangen. Dann kamen die Opferpriester in weißen Gewändern, brennende Fackeln in ihren Händen. Schweigend führten sie die weißen Ochsen zur Opferstätte. Hinter ihnen schritten die Abgeordneten der Städte mit Eichenzweigen; dann die Druiden, die höchsten Priester, in weißen Leinengewändern mit goldenen Armbändern, und schließlich der Erzdruide, den Eichenkranz auf dem Haupte, das Gewand von einem kostbaren Gürtel gehalten und ein goldenes Opfermesser in der Hand. Ihm folgten die Priesterinnen, die mit Eisenkraut geschmückt waren, dann der Adel und die Krieger in Waffen, schließlich die Landbevölkerung, Männer und Frauen. Der Zug bewegte sich durch tiefe Wälder bis zu dem heiligen Hain, wo ein Druide mit goldenem Messer die Misteln abschnitt, die, mit einem Tuche aufgefangen, vom Erzdruiden geweiht und unter die Menge verteilt wurden. Dann folgte das Stieropfer auf den heiligen Steinen."

[11] S. Brugge: Studier vor de nordiske Gude og Heltesagns oprindelse I, 1881 – 1899. — Franz Söhns: Unsere Pflanzen. Ihre Namenserklärung und ihre Stellung in der Mythologie und im Volksglauben. 6. Aufl. Leipzig 1920. — K. Helm: Balder in Deutschland. Zur Geschichte der deutschen Sprache und Literatur. Tübingen 1955. — F. Schröder: Balder und der 2. Merseburger Spruch. Germanisch-Romanische Monatsschrift, Nr. 34, Heidelberg 1953, S. 161 – 183. — J. de Vries: Altgermanische Religionsgeschichte, II, 1957, S. 223 ff. — J. G. Frazer: The golden Bough. A study in magic and religion. London 1959, Kap. LXII, S. 608 ff., Kap. LXI, The Myth of Balder, S. 607 – 609, Kap. LVX, Balder and the mistletoe, S. 658 – 667 u. S. 711. — H. Marzell: Zauberpflanzen, Hexentränke. Brauchtum und Aberglaube. Stuttgart 1963, S. 24 ff. — Götter und Mythen im alten Europa. Hsg. H. W. Haussig. In: Wörterbuch der Mythologie, Bd. II. Stuttgart 1973, S. 35 ff. — R. u. K. Beitl: Wörterbuch der Deutschen Volkskunde. 3. Aufl. Stuttgart 1974. — Wörterbuch der Symbolik. Hsg. M. Lürker. Stuttgart 1979, S. 501, Stichwort „Schatten".

[12] Vgl. Betz: Deutsche Philologie im Aufriß. Hsg. W. Stammler. I – III, Berlin 1952 – 1959, Bd. III.

[13] Aage Kabell: Balder und die Mistel. Helsinki, Suomalainen Tiedeakatemja, 1965, S. 21. — G. Neckel: Die Mistel in der Sagendichtung. In: Monographie der Mistel, Hsg. K. v. Tubeuf. München – Berlin 1923, S. 23/24.

[14] Reallexion der Germanischen Altertumskunde, Bd. 3. Straßburg 1915 – 1916, S. 280 u. S. 231. — G. Neckel, op. cit. 1923, S. 22.

[15] Aage Kabell, op. cit. 1965, S. 17 u. S. 29.

[16] Übersetzung der Edda von Felix Genzmer. Jena 1920.

[17] Deutsche Mythologie, Bd. 2, 1983, S. 1008.

[18] A. Kabell, op. cit. 1965, S. 7 und S. 11.

[19] Auch sagt A. Kabell, op. cit. S. 11, daß der in der Völuspà, Strophe 31, beschriebene „mistilteinn" in anderen, zur Sage gehörigen Strophen als junger „teinungr" beschrieben worden ist, was auf Hödr bezogen werden muß. Dieser steht als der Unmündige, „vidar teinungr" oder „mistilteinn", der den Eid noch nicht geleistet hat, weil er am Kampfspiel noch nicht teilnimmt, der aber dann, als er durch Loki gedrängt, sich dennoch daran beteiligt, das Unheil des Brudermordes heraufbeschwört.

[20] G. Neckel, op. cit. 1923, S. 27.

[21] Wenn bezweifelt worden ist, ob ein gewöhnlicher Mistelzweig überhaupt die nötige materielle Festigkeit besitzt, um als tödlicher Pfeil wirken zu können, so muß doch betont werden, daß der sogenannte Senker, d. h. eine im Wirtsbaum pfahlartig gewachsene Wurzel alter größerer Mistelbüsche von härtestem Holz ist, aus dem durchaus ein scharfer Pfeilbolzen geschnitzt werden könnte.

[22] Die alogische, scheinbare Inkonsequenz der Mythen und Legenden, wonach die Mistel sowohl Gutes bewirken und Glück verheißen kann und daher als Apotropäum gilt, als auch Unglück bringen kann (wie in der Baldursage), teilt sie mit vielen anderen „Wunderpflanzen", wie der Aberglaube im Brauchtum vieler Völker beweist. Auch ist zu bemerken, daß die Mistel derartige Eigenschaften mit anderen Epiphyten (Pflanzen, die auf anderen Pflanzen wachsen) teilt, z. B. gewisse Orchideen und gelegentlich Eberesche und Holunder. Obwohl die Mistel kein Epiphyt, sondern botanisch ein Parasit ist, eine Unterscheidung, die der Aberglaube im Volk aber nicht kennt. Vgl. Handwörterbuch zur deutschen Volkskunde. Hsg. Verband deutscher Vereine für Volkskunde, Abt. I, Aberglaube. Berlin – Leipzig 1934/35, Bd. VI, Mistel, S. 382, — und F. Moewes: Die Mistel. Berlin 1918, Kap. Volkskundliches, S. 40 – 69.

[23] R. Steiner: Die Apokalypse des Johannes (GA 104). 13 Vorträge, Nürnberg 1908 (1979); R. Steiner: Welt, Erde und Mensch, deren Wesen und Entwicklung sowie ihre Spiegelung in dem Zusammenhang zwischen ägyptischem Mythos und Gegenwartskultur (GA 105), 11 Vorträge, Stuttgart 1908 (1983); R. Steiner: Der Baldur-Mythos und das Karfreitags-Mysterium. 2 Dornacher Vorträge vom 3. u. 4. 4. 1915, Hsg. Marie Steiner, Dornbach 1930, S. 7 – 31; R. Steiner: Die Sonnen-Initiation des Druidenpriesters und seine Mondenwesen-Erkenntnis. Dornach 10. 9. 1923, in: Initiations-Wissenschaft und Sternenerkenntnis (GA 228), Dornach 1964.

[24] R. Steiner: Geisteswissenschaft und Medizin (GA 312). 20 Vorträge, Dornach 1920 (1976); R. Steiner: Viscum album, Therapeutische Indikationen. Hefte der anthrop. Medizin, 18, 1982, S. 25 – 37. — P. G. Bellmann u. W. Daems: Ist die Mistel ein altes Krebsheilmittel? In: Sudhoffs Archiv, 49, H. 4, Stuttgart 1965, S. 355 – 363 wiesen nach, daß R. Steiner der erste war, der die Mistel als Krebsheilmittel ansah und dies in 57 Vorträgen ausführte; — siehe weiterhin die laufenden Veröffentlichungen des Vereins für Krebsforschung in Arlesheim/Schweiz mit Lit.-Angaben, sowie H. Dinkelacker u. K. A. Kass: Die Mistel in der Therapie. Heidelberg 1982. — Dietrich Boie: Mistel und Krebs. Eine anthroposophisch-medizin. Studie zur Mistel-Therapie des Krebses, Stuttgart 1970.

[25] E. Vachez, contribution à l'Etude Thérapeutique du gui. These de doctorat en Médecin. Edit. Mischalon, Paris 1908.

[26] In Vergils Aeneas, Buch VI, wird beschrieben, daß der Held als „Zauberrute" und Amulett, um sich den Zugang zur Unterwelt zu öffnen, einen „goldenen Zweig" (virga aureal trägt. Auch dieser wird verschiedentlich, besonders im 19. Jahrhundert (vgl. J. G. Frazer, op. cit. 1959) als Mistel gedeutet, neuerdings nicht unangefochten. Dies beruht auch darauf, daß die Mistel, abgetrennt von ihrem Wirtsbaum, sich nach und nach goldgelb färbt, vgl. H. Marzell, op. cit. 1963, S. 4 ff. und J. H. Gueguen, op. cit. 1984, S. 345 – 349. — Nach St. Steinlein, Astrologie, Sexual-Krankheiten und Aberglaube in ihrem inneren Zusammenhange, Teil 2, München – Leipzig 1915, S. 41, war die Mistel auch „das magische Reis der Prosperpina, der ‚Gabelzweig' des Merkur, durch dessen Hilfe sich die Pforten der Unterwelt öffnen, den Hypocrates heilend benützte" etc.

[27] Siehe auch: Alexandre Leroi: Die Mistel als Tier-Pflanze des alten Mondes. Verein für Krebsforschung. Arlesheim/Schweiz 1972.

[28] Mythen der Völker, Bd. III, Hsg. Pierre Grimel, Kap. Die Mythen der kontinentalen Kelten, S. 14 „Kult der Bäume". — Wilh. Mannhardt: Wald- und Feldkulte. Bd. I, Der Baumkult der Germanen und ihrer Nachbarstämme. Darmstadt 1963, S. 273 ff. — vgl. auch Paulys Real-Encyclopädie der Klassischen Altertumswissenschaft, Bd. V, Stuttgart 1905, Sp. 1730 – 1738, über „Druidae" …, Sp. 2073 Über die Einholung der Mistel am Neujahrstag. — John Ryan: Die Religion der Kelten, in: Christus und die Religionen der Erde, Hsg. Franz König, Bd. II, Freiburg i. Br. 1951, S. 245 – 265.

[29] J. H. Gueguen, op. cit. 1984, S. 326.

[30] A. Savoret: Visage du druidisme. Histoire et tradition. Paris 1977, S. 141 – 150.

[31] J. H. Gueguen: op. cit. 1984, S. 330, S. 351, S. 112, S. 41 und S. 63.

[32] Man benannte auch Orte – vor allem im fränkisch-bayerischen Raum – nach auffallenden Mistelstandorten. Da die Blätter der Mistel sechsmal mehr Wasser verdunsten als die Blätter des Wirtsbaumes, erklärt wohl, daß sie Bäume an Wasserläufen besonders bevorzugt; man denke u. a. an die Kanäle in Frankreich, die von Pappelalleen mit tausenden von Misteln gesäumt sind. – So heißen MISTELBACH und MISTELGAU nahe Bayreuth nach dem Bach gleichen Namens, der in den roten Main fließt; MISTELFELD bei Kloster Langheim/Krs. Lichtenfels; MISTELBRUNN/Krs. Donaueschingen – nach einer Mistel auf einer Weißtanne an einem Brunnen dort, wie H. Harms: Die Mistel und ihre Verbreitung in Ostwestfalen. in: Mitteilungen der Deutschen Dendrologischen Gesellschaft, Nr. 66, Hannover 1973, S. 76 ff., der alle hier genannten Gemeinden anschrieb, auf seine Frage bestätigt bekam —, MISTLAU/Gem. Gaggstatt (1090 „Mistlouwa"); MISTLAU/Gem. Waldtann 1434 „Mistlau auf dem Walde"), beide Krs. Crailsheim; MISTLBACH b. Haidenburg, Krs. Vilshofen („mistilspha", 750 erstmals erwähnt als Schenkung an das Kloster Mondsee im Salzkammergut) und MISTLHOF, Krs. Roding/Opf. (in der ältesten nachweisbaren Bezeichnung um 1160 „mistilberg").

[33] Handwörterbuch des Deutschen Aberglaubens, Bd. VI, Leipzig 1934/35, S. 390. — W. Rieck: Materialien zur Viscum-album-Forschung. In: Medizinische Monatsschrift, Stuttgart, 17. Jg., H. 8, 1963, S. 517, unter Bezug auf den ersten akademischen Beitrag zur Mistel-Forschung von Leonhard Friedrich Hornung in seiner lateinischen Dissertation Botanico-medica de Visco, Altdorfi Dez. 1706.

[34] P. le Blanc: Etude sur le symbolisme druidique. Paris 1849, S. 156.

35) K. v. Tubeuf, op. cit. 1923, S. 70.

36) Hans J. Vermeer: Pestregimen und Misteltraktat aus Cod. Wellc. 554 (London) und ihre Verwandtschaft. In: Sudhoffs Archiv für Gesch. der Medizin und der Naturwissenschaft, der Pharmacie u. d. Technik, 53, Wiesbaden 1969, S. 27; auch der Harburger Codex III., 2,8° 34 bringt diesen Passus.

37) H. Marzell: Handwörterbuch des Deutschen Aberglaubens. Berlin 1934/35, Bd. VI., Sp. 381 – 393.

38) Willem Daems: Der Misteltraktat des Wiener Kodex 3811. In: Sudhoffs Archiv, op. cit. 49, Wiesbaden 1965, S. 90 – 93.

39) Aug. Knapp: Thomas von Wasserburg, ein oberdeutscher Wundarzt und Apotheker des 15. Jahrhunderts. Diss. München 1954, Msch. Mscr., über die Eichenmistel s. S. 40, S. 42 und S. 91.

40) S. W. Rieck: Materialien zur Viscum-album-Forschung, op. cit. 1963, S. 515 ff.

41) Sog. Bock'sches Kräuterbuch. Straßburg 1630, S. 744. H. Bock (1498 – 1554) war Theologe, Prediger und Leibarzt des Grafen Philip II. von Nassau-Saarbrücken.

42) G. Hegi: Illustrierte Flora von Mitteleuropa, Bd. 3, Teil I, 1957, Kap. 40, Fam. Lorantháceae; CCXXC, Loránthus (Riesenblumel).

43) K. v. Tubeuf, op. cit. 1923, S. 86, Anm. 1.

44) K. V. Tubeuf, op. cit. 1923, S. 70 ff. „Verwendung der Mistel an kirchlichen Festen, Allerheiligen und Ostern".

45) Tony Venison: Under the Mistletoe bough. A history of kissing customs an seasonal decoration. In: Country Life, Dec. 5., 1985, Sp. 1836.

46) Bilder aus der Volkskunde. Hsg. Othmar Meisinger. Frankfurt/M. 1920, Kap. 19 „Aus der Geschichte des Weihnachtsbaums", S. 72 ff. – A. Spanner: Weihnachten in alter und neuer Zeit. Jena 1937. – H.-W. Smolik: Tausend Wunder auf stillen Wegen. Ein Jahreszeitenbuch. Stuttgart 1956, S. 284 ff. – L. Sittler: Weihnachtslicht und Weihnachtsfreude aus dem Elsaß. Freiburg – Colmar – Paris 1970. – u.a.

47) Nach M. Lurker: Der Baum in Glauben und Kunst. Baden-Baden und Straßburg 1960, S. 101, wurde die Mistel als apotropäisches Mittel in Haus und Stall in Pommern bis ins 19. Jahrhundert hinein aufgehängt; – s. auch Wörterbuch der Deutschen Volkskunde, Stuttgart 1955, S. 527. –

48) E. u. L. Lehner: Folklore and Symbolism of Flowers, Plants and Trees. New York 1960, S. 121.

49) Vgl. The Picture of the Month: „Penny Wedding"/Sir William Allan. In: Gallery, Aberdeen, Dec. 1982; für Foto und freundliche Auskünfte bin ich d. Kollegin Jennifer Melville, Aberdeen Art Gallery and Museums Departement, zu Dank verpflichtet.

50) Abb. in: Aus dem Nachlaß von Theodor Fontane. 4. Aufl. Berlin 1908.

51) Helga Schmoll gen. Eisenwerth: Die Münchner Debschitz-Schule. Lehr- und Versuch-Ateliers für angewandte und freie Kunst, Hermann Obrist u. Wilhelm von Debschitz. München 1902 – 1914 (1920). In: Kunstschulreform 1900 – 1933, dargestellt vom Bauhaus-Archiv Berlin, 1977, S. 68 – 92. – H. Schmoll g. E.: Wolfgang von Wersin. Seine frühe Münchner Zeit. 1901 – 1914 (mit Kap. über die „Debschitz-Schule" S. 14 ff.). In: Ausst.-Kat. Wolfgang von Wersin (1882 – 1976), Gestaltung, Produktentwicklung. Stadtmuseum Linz-Nordico, 1983, S. 7 – 27.

52) Die Kunst, Monatshefte für freie und angewandte Kunst, Bd. 10, angewandte Kunst der „Dekorativen Kunst", VII. Jg., München 1904, S. 209 – 237, Abb. 217.

53) Kunst und Handwerk, 57. Jg., München 1906, Abb. S. 19.

54) K. v. Tubeuf, op. cit. 1923, S. 80 gibt auf S. 81, I f. 4, eine Fotografie von 1908 als Beispiel für die auch von ihm damals beobachtete Sitte, in München und Oberbayern Mistelkränze als Grabschmuck zu verwenden, wieder. Das von ihm angegebene Beispiel betrifft den Mistelschmuck zur Weihnachtszeit, während auf der Vignette von Obermeier der Mistelkranz auch zur Zeit der Kastanienblüte vorkommt.

55) Ausst.-Kat. Max Hunziker. Malereien. Glasfenster. Einführung G.H. Gombrich. Helmhaus Zürich 1972.

56) Kat. Nr. 2 Atsuko Kato. Nürnberg-Zirndorf (Druck Leipold) 1984, Einführung Michael Morgenthal.

57) Ausst.-Kat. L'Art du métal. Rétrospectives de Poitiers d'étain Jean Baffier et Jules Brateau. Bourges 1924. – Ausst.-Kat. J. Brateau. Exposition retrospective. Musée des Arts décoratifs, Paris 1925. – Heinz Spielmann: Räume und Meisterwerke der Jugendstil-Sammlung. Bilderhefte des Museums für Kunst und Gewerbe Hamburg, 15, Hamburg 1977, S. 122/23, Brateaus Teller und Becher mit Klee-Dekor. Abb. –

58) Kunst und Handwerk, Zeitschrift d. Bayer. Kunstgewerbevereins, 51. Jg., H. 5, 1900/1901, Abb. S. 160.

59) Kat. Kunstgewerbemuseum Berlin. Werke um 1900. Bearb. W. Scheffler. Berlin 1966, Nr. 40 m. Abb. und: Ausst.-Kat. Art Nouveau Belgium France. Bearb. Yvonne Brunhammer. Rice Museum Houston u. The Art Institute of Chicago, 1976, Nr. 199 m. Abb.

60) Von 1905 bis 1930 arbeitete Edgar Brandt zusammen mit der Firma Daum Frères in Nancy, für die er – wie L. Majorelle und die Gebr. Nics – vor allem Eisenmontierungen für Vasen und Lampen entwarf und ausführte, siehe Ausst.-Kat. NANCY 1900, Münchner Stadtmuseum, Bearb. H. u. J. A. Schmoll gen. Eisenwerth, Mainz 1980/81, S. 366.

61) Kat. Kunstgewerbemuseum Berlin. Werke um 1900. Berlin 1966, Nr. 42 m. Abb.

62) Le Fer à l'exposition Universelle de 1900. In: Art et décoration, Revue mensuelle d'art moderne, 5. Jg., H. 1, Paris 1901, Abb. S. 34.

63) Art et décoration, 5. Jg., Tome X, H. 7, Paris 1901, Abb. S. 29.

64) Kunsthandwerk um 1900. Jugendstil..., Kat. des Hessischen Landesmuseums Nr. 1,

65) Bearb. G. Bott, Darmstadt 1965, Nr. 184 m. Abb., dort weitere Varianten sowie dazugehörige Lit. genannt.

65) Alphonse Germain: Les bijoux de Vever. In: L'Art décoratif, 3, Paris 1901, S. 137 – 146, Abb. S. 141. – Georges Meusnier: La Joaillerie française 1900. Paris 1901, Tf. 7. – Maurice Rheims: L'Objet 1900. Paris 1964. Tf. 47.

66) Heinz Spielmann: Jugendstil. Justus Brinckmann und die Jugendstilsammlung des Museums für Kunst und Gewerbe in Hamburg. Dortmund (Die bibliophilen Taschenbücher Nr. 421), 2. Aufl. 1985, S. 52 m. Abb.

67) Ausst.-Kat. Art Nouveau. The Metropolitan Museum of Art. New York 1960, Kat. Nr. 295. – Ausst.-Kat. Le bijou 1900. Hotel Solvay, Brüssel 1965, Kat. Nr. 84. – Ausst.-Kat. Isetan de Shinjuku. Image des Années Insouciantes. 1900/1925. Tokyo 1975, Kat. Nr. 95. – Ausst.-Kat. Art Nouveau Belgium France. Houston u. Chicago 1976, Nr. 502 m. Abb. –

68) Kat. Brigitte Schön, Arbeiten von 1979 bis 1981. Westpfälzische Verlagsdruckerei St. Ingbert 1981, Farbabb. S. 7.

69) Jugendstilkunst um 1900. Bearb. Carl-Benno Heller. Hessisches Landesmuseum Darmstadt, 1982, Nr. 596 m. Abb. –

70) Kat. Kunstgewerbemuseum Berlin. Werke um 1900. Berlin 1966, Nr. 11 m. Abb.

71) Kat. Jugendstilsammlung K.A. Citroën Amsterdam. Hessisches Landesmuseum Darmstadt, 1962, Nr. 48, S. 20 u. Abb. S. 21. – Klaas Akkerman: „Au gui l'an neuf". Mistletoe in Art Nouveau juwelen rond Kerstmis en Nieuwjaar. In: ANTIEK, Tijdschrift vorr liefhebbers en kenners van oude kunst en kunstnijverheid, 18. Jg., Nr. 6, Lochum, Holland, Jan. 1984, S. 303 ff., Abb. 7. –

72) Ausst.-Kat. Collectie Citroën Arnheim und Rotterdam 1959, Nr. 77 mit Abb. – Kat. Jugendstil, Sammlung K.A. Citroën, Darmstadt 1962, Essen 1962, Nr. 55 m. Abb. – Kunsthandwerk um 1900, Jugendstil..., Darmstadt 1965, Nr. 188 m. Abb. S. 135.

73) G. Mourey, Aymer Vallance: Art Nouveau Jewellery & Fans. New York 1973, Tf. 14, Abb. A. – Helga Schmoll gen. Eisenwerth: Das Mistelmotiv im Kunsthandwerk des Jugendstils. Bermerkungen zu seiner formalen und symbolischen Bedeutung. In: Ausst.-Kat. Silber des Jugendstils. Museum Villa Stuck, München 1979, Abb. 8.

74) Sigrid Barten: René Lalique. Schmuck und objets d'art. 1840 – 1910. Monographie und Werkkatalog, München 1972. – Helga Hilschenz u. Helmut Ricke: Glas. Historismus. Jugendstil. Art Déco. Bd. I. Frankreich. Die Sammlung Hentrich im Kunstmuseum Düsseldorf. München 1985, S. 284.

75) S. Barten, op. cit. 1977, Nr. 1795 m. Abb. – H. Hilschenz u. H. Ricke, op. cit. 1985, Nr. 387 m. Farbabb.

76) Cat. des Verreries de René Lalique. Paris 1932, S. 50 bis, Abb. Nr. 65.

77) Cat. des Verreries de René Lalique. Paris 1932, S. 9, Abb. S. 60. – Christopher Vane Percy: Lalique Verrier. Guide Collectionneur. London u. Paris 1977, S. 34, Abb. 26. – Kat. H. Hilschenz u. H. Ricke, op. cit. 1985, Nr. 403 m. Abb. (Werk-Nr. 937).

78) Chr. V. Percy, op. cit. 1977, Nr. 23, Abb. S. 31 (Werk-Nr. 948). – S. Barten: René Lalique. Schmuck und Glas aus Paris vom Art Nouveau zum Art Déco. – Ausst.-Kat. Museum Bellerive, Zürich 1978, Nr. 173. –

79) Josef Adolf und Helga Schmoll gen. Eisenwerth: NANCY 1900. Jugendstil in Lothringen zwischen Historismus und Art Déco. Ausst.-Kat. Münchner Stadtmuseum. Mainz, Ph. von Zabern-Verlag 1980/81, s. Kap. „Gallé und die Ecole de Nancy" sowie „Informationen zur Ecole de Nancy".

80) Brigitte Klesse u. Hans Mayr: Glas vom Jugendstil bis heute. Sammlung Gertrud und Dr. Karl Funke-Kaiser. Köln 1981, Nr. 42 mit Farbabb. einer Daumschale mit Misteldekor und Inschrift „au gui l'an neuf".

81) Kat. NANCY 1900, Mainz 1980/81, Nr. 418 und 419 m. Abb. (Exemplare des Württembergischen Landesmuseums Stuttgart).

82) Kat. NANCY 1900, Mainz 1980/81, Nr. 426 m. Abb. (Exemplar des Württembergischen Landesmuseums Stuttgart) und Nr. 426 (Ex. Münchner Stadtmuseum).

83) Kat. NANCY 1900, Mainz 1980/81, Nr. 428, Vasenpaar mit Misteldekor (Exemplare des Münchner Stadtmuseums, 1894); vgl. auch Noël Daum: Daum. Maitres Verriers. Lausanne 1980, Abb. einer Vase mit Inschrift „au gui l'an neuf", 1894.

84) Kat. NANCY 1900, Mainz 1980/81, Nr. 424, Vase mit französischer Silbermontierung von 1893 – 95 (Ex. Württembergisches Landesmuseum Stuttgart) und Kat. Nr. 425, Kanne mit Nelkendekor und Silbermontierung von H. Trübner Heidelberg (Ex. Museum für Kunstgewerbe Frankfurt a. Main).

85) Kat. NANCY 1900, Mainz 1980/81, Farbabb. S. 36.

86) Kat. NANCY 1900, Mainz 1980/81, Nr. 523 m. Farbabb.

87) Helga Hilschenz: Das Glas des Jugendstils. Kat. d. Sammlung Hentrich im Kunstmuseum Düsseldorf. München 1975, Nr. 307 m. Abb. – R. u. L. Grover: Art Glass Nouveau. Vermont 1967, Abb. 164. –

88) Helga D. Hofmann (Schmoll): Zum Jahreswechsel „Au gui l'an neuf". Die Mistel als glückbringendes Zeichen im französisch-lothringischen Jugendstil. In: Saarheimat, H. 12, Saarbrücken 1969, S. 314/15, Abb. S. 315.

89) Ausst.-Kat. Art Nouveau Belgium France. Houston u. Chicago 1976, Nr. 468 m. Abb.

90) Vgl. Kat. NANCY 1900, Mainz 1980/81, Prunkvase „Distelbusch" v. Ed. Lachenal, um 1895, Steinzeug mit Silbermontierung mit Disteldekor, Farbabb. u. Kat.-Umschlag, S. 363 ff. sowie weitere Objekte mit gleichem Dekor; Kap. „Emile Gallé und der Jugendstil in Lothringen. Historische Aspekte und politische Motivationen", S. 20 ff.

91) Kat. NANCY 1900, Mainz 1980/81, Nr. 408: Dreiteilige Tafelgarnitur von E. Lachenal, um 1895, Nr. 408 m. Abb.

92) Helga D. Hofmann (Schmoll): Zum Jahreswechsel „Au gui l'an neuf". Die Mistel als

glückbringendes Zeichen im französischen-lothringischen Jugendstil. In: Saarheimat, Zeitschrift für Kultur, Landschaft, Volkstum. H. 12, Saarbrücken 1969, S. 313–317, Abb. S. 315.

[93] R. Berg, A. Michelsen, Kongelig Hof-og Ordensjuvelerer. Kopenhagen 1910, mit zahlreichen Abbildungen, u.a. von Vasen mit Silbermonturen.

[94] Kunsthandwerk um 1900. Jugendstil. Kat. des Hessischen Landesmuseums Darmstadt, 1965, Nr. 314 a + b mit Abb. —

[95] Helga Schmoll gen. Eisenwerth: Das Mistelmotiv im Kunsthandwerk des Jugendstils. Bemerkungen zu seiner formalen und symbolischen Bedeutung. In: Silber des Jugendstils. Museum Villa Stuck, 1979, Kat. Nr. 91, Abb. 5.

[96] Waltraud Neuwirth: Das Glas des Jugendstils. Sammlung des Österreichischen Museums für angewandte Kunst, Wien. München 1973, Kat. Nr. 11 m. Abb.

[97] Ulrike von Hase: Schmuck in Deutschland und Österreich. Symbolismus, Jugendstil, Neohistorismus. München 1977, Kat. Nr. 857 m. Abb.

[98] Berlepsch-Valendas: Hermann Kirchmayr/Silz (Tirol). In: Innendekoration, XIII. Jg., Heft 3, Darmstadt 1902, S. 69–87 mit zahlr. Abb.

[99] Kunst und Handwerk, Zeitschrift des Bayer. Kunstgewerbevereins, 55. Jg., München 1904/05, S. 11, Abb. 144.

[100] Kat. Jugendstil. Sammlung K. A. Citroën Amsterdam. Hessisches Landes-Museum Darmstadt, 1962, Nr. 139, Abb. 59.

[101] Ulrike von Hase: Schmuck in Deutschland und Österreich. München 1977, Kat. Nr. 290 mit Abb.

[102] Irene v. Treskow: Die Jugendstilporzellane der KPM. Bestandskatalog der Kgl. Porzellan-Manufaktur Berlin 1896–1914. München 1971, Nr. 52, S. 154 Abb.

[103] So wurden in der Porzellan-Manufaktur Schlaggenwald Geschirre mit Misteldekoren bis 1936 ausgeführt, vgl. Tasse in Privatbesitz.

[104] G. Cappa: 100 ans d'art verrier en Europe. De l'Art Nouveau à l'Art actuel. Bruxelles u. Luxembourg 1983, Kat. Nr. 384 m. Farbabb.

[105] Klaas Akkerman: ‚Au gui l'an neuf'. Mistletoe in Art Nouveau juwelen rond Kerstmis en Nieuwjaar. In: ANTIEK..., 18. Jg., Nr. 6, Januar 1984, Abb. Nr. 1, Brosche, England ca. 1895, Coll. Vredevoogd, Amsterdam.

Abbildungsnachweis

Institut für pharmazeutische Biologie der Universität Heidelberg: Abb. 4, 7, 11, 13, 24, 30, 31b, 32–49, 51–53, 55–58, 63–73, 75–79, 90, 95–101, 103–117, 119–121
Kunstgeschichtliches Institut der Techn. Univ. München: 6, 29, 31a, 59
Hessisches Landesmuseum Darmstadt: 23, 26, 28, 50, 74, 89
Museum für Kunst und Gewerbe, Hamburg: 15
Münchner Stadtmuseum: 62
Kunstgewerbemuseum Berlin SMPK: 16, 17, 21
Kunstgewerbemuseum Frankfurt/Main: 80a + b
Schmuckmuseum Pforzheim: 91–93, 118
Keramische Werke Villeroy & Boch, Mettlach: 94a + b
Galerie Wolfgang Ketterer, München: 61
Daum Frères Nancy, Firmenmuseum: Farbtafel 1
Art Gallery Aberdeen: 8
Dr. Pfänder, Kiel: Umschlagbild, Mitte

Aus Büchern und Zeitschriften:
Meyers Enzyklopädisches Lexikon, Band 6, S. 760, Abb. 9
Aus dem Nachlaß von Th. Fontane, 4. Aufl. Berlin 1908, Abb. 10
Die Kunst, München 1904, Abb. 11
Kunst und Handwerk, München 1906, Abb. 12
Art et décoration, Paris 1901, Abb. 18 und 19
Alastair Duncan: La sculpture Art Nouveau. London-Paris 1978, Abb. 22
Heinz Spielmann: Jugendstil. Harenberg, 1985, Abb. 25
G. Mourey, Aymer Vallance: Art Nouveau Jewellery & Fans. New York 1973, Abb. 54
Kunst und Handwerk, München 1904, Abb. 81
Innendekoration, H. 3, Darmstadt 1902, Abb. 82–88
Ausst. Kat. 100 Ans d'Art Verrier en Europe. Bruxelles 1983, Abb. 102 sowie Postkarten

Sachregister

Teil A

Sachregister